NO BUSQUES SER FELIZ
¡CONSÍGUELO!

Ediciones Palabra

Madrid

© Jaime Sanz Santacruz, 2025
© Ediciones Palabra, S.A., 2026
   Ronda del Caballero de la Mancha, 59 – 28034 Madrid
   Telf. (34) 91 350 77 20 - (34) 91 350 77 39
   www.palabra.es
   palabra@palabra.es

Diseño de cubierta: Gabriel González-Andrío
ISBN: 978-84-1368-544-1
Depósito Legal: M-1.767-2026
Printed in Spain - Impreso en España

Jaime Sanz Santacruz

NO BUSQUES SER FELIZ ¡CONSÍGUELO!

El camino de las bienaventuranzas

Prólogo de Mons. Jesús Sanz Montes

PALABRA

ÍNDICE

Prólogo

El balcón de las dichas bienaventuradas

Tenemos aquí un hermoso libro con un tema crucial para los cristianos. Abordar el tema de la felicidad es lo que ha querido hacer Jaime Sanz con este precioso comentario sobre las bienaventuranzas. Es el secreto de la felicidad más dichosa que se explicó en aquel sermón de la montaña, cuando Jesús propuso sus más audaces proclamas.

Hay palabras del Señor que siempre estremecen, porque te ponen en el balcón desde donde el que las escucha y las vive, ha de caminar por senderos muy poco transitados. La entrada de tamaña advertencia la señala ya el profeta Jeremías, que juega entre la maldición de quien apartando el corazón del Señor solo confía en el hombre, y la bendición de aquellos que confían en Dios, cuyo destino es bien distinto: *Bendito quien confía en el Señor y pone en el Señor su confianza. Será un árbol plantado junto al agua, que junto a la corriente echa raíces; cuando llegue el estío no lo sentirá, su hoja estará verde; en año de sequía no se inquieta, no deja de dar fruto* (Jr 17, 7-8).

No hay otra aspiración más universal y al mismo tiempo más verdadera, como la de tratar de alcanzar la felicidad. Da igual la época de nuestro tiempo; es lo mismo el domicilio de nuestro espacio; o lo que pensemos con nuestro pensamiento; incluso lo que recemos con nuestros labios creyendo en lo que creemos. Todo hombre, de cualquier sitio, de cualquier lugar, cultura, condición social o credo, todo hombre busca irremediablemente esa dicha feliz y bienaventurada. De esto nos habla este libro.

Es la gran pregunta y la verdadera cuestión del corazón humano: ser feliz. Nuestro corazón no sabe resignarse a que la felicidad sea una quimera, una abstracción, una mentira. Estamos hechos para que esa exigencia de nuestro corazón pueda realizarse a pesar de los desmentidos y contradicciones que a diario nos acorralan para convencernos de lo contrario. ¿Quién nos podría asegurar y darle cumplimento a ese deseo de felicidad? Es lo que el Evangelio nos propone. Como un nuevo Moisés, Jesús subirá a la montaña para proclamar allí su programa de bendición dichosa, de feliz bienaventuranza. Nuevamente, y para siempre ya, Dios bajaba a la arena de los hombres para volverles a decir lo que durante toda la vida les susurró, les gritó, les manifestó de tantas formas: os hice a mi imagen y semejanza, os quise reflejo de mi bondad y espejo de mi belleza, quise compartir con vosotros mi vida y mi felicidad...

Este Hijo retoma la conversación que el Padre ha tratado de continuar desde los mismos umbrales de la creación, cuando hizo todas las cosas y mirándolas las encontró (las transformó) buenas y bellas (cfr. *Gn* 1-2). Vendrá luego la historia del pecado que será como una alternativa de maldad y fealdad en todas sus formas, a aquel primer proyecto creador de Dios. Por eso Jesús realiza una nueva creación, porque con su vida y su muerte, con su resurrección, ha posibilitado nueva y definitivamente el proyecto del Padre que el pecado humano había frustrado. El sermón de la montaña no es sino la primera entrega de este volver a «decirse» de Dios en la boca de su Hijo.

Produce una sensación extraña ir escuchando estas ocho formas de felicidad que son las bienaventuranzas. Porque, ¿puede hablarse hoy de felicidad... de una felicidad verdadera y duradera? ¿No hay demasiadas contraindicaciones, demasiados dramas y oscuridades que nos restriegan su desmentido? ¿Cómo es que después de tantos siglos sigue sonando a provocación esta propuesta atrevida de aquel sermón pronunciado en la montaña frente al mar de Galilea? Jesús hablará de la felicidad de los pobres de espíritu (los humildes en sentido bíblico), de la felicidad de los afligidos, la de los mansos, la de los hambrientos y sedientos, de la felicidad de los misericordiosos, de la felicidad de los limpios de corazón, la de los pacíficos, la de los perseguidos por la justicia... Y por si fuera poco provocativo su mensaje, Jesús añadirá todavía una felicidad más desconcertante aún: la de los que sufrirán insultos, persecución y maledicencia por causa de Él, empezando por los suyos, los de casa, los que teóricamente eran de los nuestros.

No es fácil tampoco hoy el sermón de las bienaventuranzas. No porque nuestro corazón no se reconozca en ellas, sino porque nos parecen tan imposibles y tan distantes estamos de ellas, que la Palabra de Jesús nos resulta como nombrar la soga en la casa del ahorcado: o ¿es que no duele su mensaje de humildad, de mansedumbre, de paz, de limpieza, de misericordia... cuando seguimos empeñados –cada cual a su nivel correspondiente, en su trinchera particular, en el patíbulo de sus amenazas– en construir, en fomentar, en subvencionar un mundo que es arrogante, agresivo, violento, sucio, intolerante? Por esto son difíciles de escuchar las bienaventuranzas, porque nos ponen de nuevo ante la verdad para la que nacimos, ante lo más original de nuestro corazón y de nuestras entrañas humanas.

Monte abajo iba Jesús con aquellos Doce más íntimos, y al encontrarse con un gentío grande de discípulos y más personas venidas desde muchos sitios, los asomará a su «balcón». Porque es muy importante saber dónde se asoma nuestra mirada, dado que hay perspectivas que acorralan e impiden ver las cosas como las cosas son, como las contemplan los ojos del mismo Dios. ¿Qué veis normalmente desde vuestra ventana? –parece que les pregunta–. Y entonces –como ahora y como siempre–, el espectáculo humano es a veces tan trágico y cruel, tan cotidiano y vulgar, que hasta llegamos a pensar que deberá ser así, que no es posible un recambio: ricos a costa de pobres, hartos a costa de hambrientos, risotadas a costa de lágrimas, poderosos a costa de persecución y muerte. Jesús proponía otro espectáculo, increíble y paradójico: justamente la inversión de aquel drama. Porque desde el balcón de Jesús la historia se veía de otro modo: los pobres se convertían en reyes, los hambrientos eran hartos hasta la saciedad, los que lloraban comenzaban a reír esperanzados y los proscritos e insultados saltaban de alegría con una dignidad insólita que nadie ni nada les podría arrebatar.

¿Era Jesús un supermán salvador, o un vende-lo-todo que buscaba granjearse la simpatía y la adhesión de sus asombrados oyentes en función de unos intereses vacíos o inconfesables? En sus palabras no había el más mínimo atisbo de oportunismo negociante o politiquero. No estaba Él preparando su campaña comercial para hacer el agosto en cualquier época del año, ni su campaña electoral bajo siglas de partido. Era otra cosa, era comenzar a ver desde otra ventana, asomados al balcón de Dios mirando a través de sus benditos ojos. Todos los desajustes que se contemplaban desde la ventana del mundo, en el fondo generaban mal a todos: sufrimiento a quienes los sufrían y soportaban, y vacío a quienes los provocaban y mantenían. Para los primeros, Jesús abrirá un portillo de esperanza: a pesar de todo y de todos, podéis ser dichosos y bienaventurados. Para los segundos, Él dará un aviso: Ay de vosotros que mancháis la belleza original, ay de vosotros que envilecéis la bondad del principio. Porque ser impío abusador o ser honesto servidor no tiene el mismo desenlace en la balanza final de la vida y en su mismo desarrollo a través del tiempo de cada biografía.

El balcón de las bienaventuranzas no nos invita a cerrar los ojos ante la dura realidad, como quien finge no ver lo que se contempla o como quien se empeña en ver lo que es tan solo una quimera. Ese balcón bienaventurado es mucho más: nos invita a mirar lo que debería ser esa realidad, y a trabajar para que lo sea. Es una mirada que nos compromete por entero y no permite que nos aislemos desinhibidos al margen de lo que Dios nos pone delante para que lo veamos y vivamos de otra manera. Jesús es la primera piedra de ese hogar humano: Él nos ha revelado que la verdadera felicidad que tan torpemente buscan a veces los hombres no está en ese desajuste que ha merecido el lamento del Señor (*Ay de vosotros...*), sino en otra cosa, en Él mismo, en su Persona viva. Y Él hará el ajuste no con pactos o revoluciones, sino con lo que ha sido su mensaje y su destino: la misericordia entrañable que nos devuelve la posibilidad de parecernos a Dios, la libertad que nos hace sus hijos, el amor que nos hace hermanos de los demás. Por eso Jesús, monte abajo, mostrará otro balcón desde donde se vislumbra el ocaso del terror, del odio, de las envidias, de las hambres, de las oscuridades. Y dirigiéndose a los suyos les propondrá: no perdáis el tiempo en estériles lamentos, haced un mundo nuevo, empezad desde el principio por vosotros mismos.

Jesús invita a mirar desde su balcón, haciendo realidad lo que en él se contempla. Pero es que... Jesús siempre miraba desde los ojos de Dios. ¿A qué balcón nos asomamos nosotros? Una forma de saberlo es preguntarse qué ven los demás en nosotros, cuando nos ven vivir y morir, gozar, trabajar, sufrir y reír... desde sus ventanas.

Es una excelente ayuda lo que tan bellamente pone Jaime Sanz en nuestras manos para que podamos adentrarnos en el secreto más cristiano cuando nos preguntamos cómo vivir bienaventuradamente. Este avezado sacerdote, de buena pluma y celo apostólico bien demostrado, nos invita a asomarnos a esta página del Evangelio que rezuma esperanza. Le doy las gracias por esta nueva entrega de su ya larga lista de libros publicados. Y deseo que haga mucho bien, como lo hizo aquel sermón sorprendente que Jesús nos regaló como primicia de lo que significa vivir las cosas en cristiano.

+ Fr. Jesús Sanz Montes, ofm

Arzobispo de Oviedo

Introducción

¿Qué es lo que te hace feliz? El helado de chocolate que has encontrado en la portada no deja de ser una provocación. No pretendo que en estas páginas encuentres la solución al dilema *lo tomo-no lo tomo*, sino hacerte pensar.

Refrescarte con un plácido baño o calmar tu sed; disfrutar de una puesta de sol o llegar a la cumbre de una montaña son placeres que da gusto regalarse. Una buena siesta, una comida exquisita o un rato de deporte que te deja como nuevo, te hacen feliz. Pero, no del todo. Lo que da plenitud a la felicidad es darte. Cuando te sientes especialmente contento es cuando buscas que los que te rodean lo estén. Y eso no hay dinero en el mundo que lo pague…

Tengo la receta para conseguirlo. No es mía. Es un plagio y está copiada al pie de la letra del evangelio. Jesús la resume en unas breves frases que configuran un mensaje fácil de asumir y que si lo conviertes en tu modo de vida, harán de ti la persona más feliz del mundo.

Muchos hoy día, en cuanto leen o escuchan hablar de la fe, desconectan como si se tratase de algo ya sabido y que no aporta ninguna novedad. El laicismo imperante en Occidente ha conseguido relegar la fe al cajón de lo antiguo y lo caduco, a cosas del pasado, que parecen superadas, viejas ataduras que no ofrecen novedad alguna que pueda interesarnos. El pasado es lo rancio y debemos buscar nuevas fórmulas para encontrar la felicidad que anhelamos. En esa deriva estamos. Sin embargo, nadie se atreve a reconocer la profunda infelicidad a la que ha llegado nuestra moderna sociedad. El número de suicidios se ha incrementado una barbaridad; la eutanasia y el aborto son dos realidades en alza, con una cultura de la muerte cada vez más instalada; la familia intenta sobrevivir en medio de un *tsunami* de egoísta soledad en el que ya *nadie soporta a nadie*. Cada hora, se rompen en España cerca de 12 matrimonios. La vida religiosa ha descendido una barbaridad y solo se bautizan un 29 por ciento de los niños que nacen en nuestro país[1].

Y después de esta debacle, ¿podemos decir que somos más felices? ¿Somos más libres o padecemos actualmente más ataduras que cuando éramos gente creyente?

La perenne novedad del discurso que pretendo desgranar es incontestable. Contiene ideas sencillas de incorporar a tu vida porque tienen un carácter eminentemente práctico y concreto. Es conveniente dejar a un lado los prejuicios anticristianos que se nos han ido inculcando y dejar que esas palabras del Hijo de Dios penetren en nuestro entendimiento y se hagan realidad en nuestro actuar. No busques en ningún otro sitio la felicidad porque no la vas a encontrar. Si alguien sabe de felicidad, es su Autor.

---

[1] Sobre este particular recomiendo la lectura del libro de Rafael Domingo Oslé titulado *El sentido del cristianismo. Espiritualidad y trascendencia ante la crisis de valores de Occidente,* Ed. La esfera de los libros, 2025.

1.
No busques ser feliz: ¡consíguelo!

Es un error, aunque parezca una necesidad vital. Y me explico. El que la busca a toda costa, no la encuentra —con la consiguiente frustración que esto acarrea— y se mete en un callejón sin salida, del que no sabe cómo escapar. Va cavando su propia fosa cada vez más profunda, de la que no sabe cómo salir.

La felicidad no se logra persiguiéndola para uno mismo. Si uno busca ser feliz él solo, aunque ponga los medios para lograrlo, fracasa. «Hoy voy a ser feliz», se plantea al levantarse por la mañana. «Me voy a dar todos los caprichos, *voy a hacer lo que me apetece y evitar lo que no me gusta. Voy a tratar de evitar todo lo que me suponga esfuerzo*». Con este planteamiento uno está abocado al desastre.

Si quieres ser feliz, lo primero que tienes que proponerte es olvidarte de ti mismo. El secreto de la felicidad —como luego te contaré— «no está en lo que recibes, sino en lo que das». Si tu idea es solo disfrutar de lo que ya tienes, vas por mal camino, porque no vas a conseguir estar contento y, si logras cierta alegría, desaparecerá antes de lo que te imagines. La experiencia de la vida lo corrobora. Al *egoistilla* que va a lo suyo, se le distingue a la legua porque siempre va buscando su propio interés. No hace nada que no le beneficie y en el fondo es un infeliz, porque nunca encontrará lo que busca.

Este olvido de sí no consiste en lo que muchos que tú y yo conocemos hacen con sus vidas entregadas al activismo: «más trabajo, más tecnología, más redes sociales y más velocidad. Corren sin saber a dónde y escalan una montaña que no tiene cima. Autómatas, workaholics[1], ávidos de adrenalina y endorfinas. Todo por evitar enfrentarse a sí mismos y a las grandes preguntas de la vida»[2]. Esto no es olvidarse de sí mismo para darse a los demás, sino para no tener que responder a los grandes interrogantes que todo hombre se plantea.

El camino que te invito a recorrer en este libro es otro bien distinto. Jesús nos lo explica primorosamente en un discurso al que asiste mucha gente, *cinco mil hombres sin contar mujeres y niños*, que no dejó indiferente a

---

[1] Persona que sufre una adicción al trabajo, un comportamiento compulsivo y excesivo de trabajar sin descanso que afecta negativamente a su salud, relaciones y otros aspectos importantes de su vida.

[2] Hugo Cuesta, *¿De qué trata la vida?*, Ed. Grijalbo, México 2022, pág. 109.

quienes lo escucharon. Lo que plantea en esas palabras abre un horizonte totalmente nuevo y te animo a que lo repases conmigo.

Pero ¿en qué consiste ser feliz?

2.
Qué es la felicidad

Los términos abstractos son siempre difíciles de explicar. *Bajar el balón* cuando ha cogido mucha altura no es sencillo. Me propongo el reto de *ponerlo en el piso*, como dicen en Argentina. No ayuda mucho la Real Academia de la Lengua cuando dice que la felicidad es el «estado de grata satisfacción espiritual y física». Seguimos con balones bombeados, volando a mucha altura y lo etéreo siempre corre el peligro de desaparecer.

Una persona feliz es la que está habitualmente contenta, a la que *la vida le sonríe*. Es agradecida por todo lo conseguido o por lo que le han regalado y disfruta también con lo más sencillo, porque lo aprecia. No se acostumbra a lo bueno.

Me acuerdo de un anuncio publicitario de una marca de relojes que durante muchos años me encontraba yendo al trabajo: «No es lo que tengo; es lo que soy», con el nombre del reloj que un famoso personaje llevaba en su muñeca. Se suele utilizar la expresión *soy feliz*, pero no la de *tengo felicidad*. Es como si el lenguaje dejase claro que la felicidad no la da lo que uno posee, sino lo que uno hace.

La filosofía clásica nos puede echar una mano para aclarar un poco más la cuestión: la felicidad ¿es un estado o es una meta a la que se llega? ¿Se puede retener? ¿Es posible conseguirla por uno mismo, te la dan los demás o llega sola, por el devenir de las circunstancias?

Platón añade que se alcanza mediante una vida virtuosa y la armonía del alma, siempre guiada por la razón. La virtud, para Platón, no es simplemente la ausencia de vicios, sino un conocimiento del bien que lleva a la justicia y al equilibrio interior. El sabio filósofo ateniense considera que la felicidad se logra cuando las diferentes partes del alma —racional, irascible y concupiscible— están en armonía, ejerciendo la razón una posición de dominio sobre el resto de las potencias del individuo.

En la filosofía de **Aristóteles**, la felicidad o *eudaimonía*, consiste en una actividad duradera y virtuosa del alma y no un estado pasajero de placer. Es el fin último y el propósito más elevado de la vida humana, que se logra cultivando las virtudes bajo la guía práctica de la razón.

En **la filosofía epicúrea**, la felicidad se define como ausencia de dolor, *aponía,* y la tranquilidad del alma o *ataraxia*. Epicuro entendía el placer no como un goce desenfrenado, sino como un estado de equilibrio y ausencia de sufrimiento. Para alcanzar esta felicidad, destacaba la importancia de la *autarquía* —autonomía en el obrar por uno mismo—, de la *prudencia y de la amistad*, que contribuían a ejercitar una relación sincera con el prójimo.

Los estoicos pensaban que la felicidad no reside en las circunstancias externas, sino en el desarrollo interior que se logra viviendo de acuerdo con la razón y la virtud. No se trata de buscar placeres o de evitar dolores, sino de alcanzar un estado de tranquilidad y satisfacción a través de la autodisciplina, la virtud y el control sobre las propias emociones. Los estoicos estaban más cercanos a la definición de felicidad de Platón que a la de Aristóteles.

Según el conferenciante y experto en educación **Javier Milán**, «el fin de la vida no puede consistir en ser feliz, porque la felicidad es aquello que se alcanza cuando no se busca. Jesucristo no nos pide que seamos felices, nos pide que amemos a Dios, a uno mismo y a los demás»[1]. Y ese es el fin, el amor. La felicidad es la consecuencia, por tanto, del concepto cristiano de amor, que Cristo nos transmite y que no consiste en algo que se alcance y se retenga con las buenas obras, sino que es el fruto de la entrega para hacer el bien. Convertimos

---

[1] Javier Milán Fitera, *Entrevista personal*, 18-VIII-2025.

así nuestra vida en un servicio pleno y total de entrega a Dios y a los demás.

Como dice **Marian Rojas**, «la felicidad de la persona depende fundamentalmente del sentido que dé a su vida»[2]. Dar sentido a la vida supone salir de uno mismo para entregarla a los demás, de la forma que uno estime oportuno.

Víctor Frankl añade, reforzando esta idea, que «lo que realmente mueve a la persona es la búsqueda del sentido de su vida. Y vivirá frustrado o vacío mientras no encuentre una tarea en la que valga la pena comprometer su existencia. Mientras no encuentre algo o alguien por quien vivir, por quien sufrir y por quien morir»[3].

La transformación que esto supone en el individuo que lo vive así es total. Ya no estamos ante un estado del alma que uno intenta alcanzar, sino en la vida que se vive como consecuencia de una entrega, que cuanto mayor es, más felicidad comporta. Ser feliz no es algo que se posee, sino algo que se alcanza como fruto de la entrega que uno pone. En el fondo, podríamos deducir que es la consecuencia de esta máxima: «uno solo posee lo que da».

---

[2] Marian Rojas, *Conferencia en el IPADE con ocasión de su 50º aniversario*, 27 de marzo de 2017.

[3] Víctor Frankl, *El hombre en busca de sentido*, Ed. Herder, 3ª ed. 2015, pág. 54.

El planteamiento de la felicidad cristiana es radicalmente distinto del que nos ofrecen los filósofos clásicos. Ellos piensan que la felicidad se consigue llevando a cabo una serie de acciones buenas o virtuosas; en unos, presididas por la razón que gobierna las pasiones de la persona; y en otros, como fruto del equilibrio que se logra alcanzar. Guiados siempre por la conciencia, que nos indica lo que es bueno y lo que es malo y el camino del bien que ha de seguir nuestro obrar.

También se podría decir que la felicidad es como la electricidad: no se retiene. Cuando se genera, no se puede almacenar, sino que se aporta a la red para que se pueda usar. *Había un hombre rico, cuyas tierras le dieron gran cosecha. Comenzó él a pensar dentro de sí, diciendo: ¿Qué haré, pues no tengo dónde encerrar mi cosecha? Y dijo: Ya sé lo que voy a hacer: demoleré mis graneros y los haré más grandes y almacenaré en ellos todo mi grano y mis bienes y diré a mi alma: Alma, tienes muchos bienes almacenados para muchos años; descansa, come, bebe, regálate. Pero Dios le dijo: Insensato, esta misma noche te pedirán el alma, y lo que has acumulado ¿para quién será? Así será el que atesora para sí y no es rico ante Dios* [4]. No podemos almacenar la felicidad alcanzada, sino que debemos ponerla en la red para que no se escape como el agua entre las manos. Seríamos unos *insensatos* si nos comportamos así, acumulando felicidad como si la pu-

---

[4] *Lc* 12, 16-21.

24

diéramos retener. Esto sucedería si dijéramos basta a las exigencias de la entrega o nos conformásemos con cumplir lo mínimo para ayudar a los demás. O aportamos felicidad a los demás e incrementamos con nuestra entrega la energía que ponemos en esa red, o la perdemos en un instante, como nos sucedió con el apagón que sufrimos en España recientemente.

3.

¿Se puede ser feliz en este mundo?

Muchos lo intentan. Algunos parece que lo consiguen. Pero son muchos los que fracasan, porque quizá buscan la felicidad donde no la van a poder encontrar nunca.

La receta para ser feliz no es otra que acudir a su *Hacedor*, a quien la inventó y la quiere para nosotros. Hay que pedirle que nos ayude a «sacar amor donde no hay amor», a cultivarlo en nuestras obras, a ser felices dándolo y a estar agradecidos por recibirlo. Solo el amor nos da la plenitud.

Con las categorías mundanas es difícil lograrlo, pero del modo con el que Dios nos lo propone, parece más sencillo. A muchos, ser felices les parece casi imposible, porque requiere poseer tantos bienes, alcanzar tantas metas, sentirse de tal modo satisfechos que es complicado conseguirlo. Los más jóvenes con frecuencia se desaniman, porque piensan que alcanzar la felicidad es una quimera irrealizable, un sueño que no es real y se conforman con sucedáneos que no son auténticos y que por tanto no les llenan: son *fake*, como dicen ellos.

En cambio, se nos propone valorar lo que tenemos y ser felices con ello. No se trata simplemente de conformarse, sino de descubrir lo bueno que hay detrás de todo lo que nos sucede. **Agradecer** es un camino sencillo para valorar más lo que hemos recibido. Hay que empezar por reconocer nuestras cualidades y nuestros defectos y valorar adecuadamente las circunstancias en que nos encontremos, para que podamos descubrir todo lo bueno que hay en nosotros.

Se suele decir que *la belleza*, en expresión de **Ricardo Piñero**, es un «anticipo de la felicidad, por el placer que nos provoca»[1]. En lo bello se refleja Dios, porque es obra suya y ese encuentro con la belleza siempre nos agrada. Descubrirla nos producirá un gozo grande que nos puede llevar hasta Dios. El agradecimiento y la belleza son carreteras secundarias que nos llevan hasta nuestro feliz destino.

En el camino de las bienaventuranzas se nos propone una manera asequible de alcanzarla, no porque nos conformemos estoicamente con lo que nos ha tocado vivir, sino porque el planteamiento que hace Jesús nos ayuda a descubrir todo lo bueno que Dios nos da. Una persona

---

[1] Cfr. Ricardo Piñero, *El arte de mirar: la trascendencia de la belleza*, Ed. Palabra, 2022.

puede ser muy feliz disfrutando de unos pocos bienes, porque da valor a lo pequeño, se admira ante lo bello y lo agradece. En cambio, quien es inmensamente rico porque posee muchos bienes, puede no ser capaz de apreciar esa belleza escondida ni de agradecerla.

El Papa Francisco en la Encíclica *Dilexit Nos*, sobre el Corazón de Jesús, nos recuerda que «en el tiempo de la inteligencia artificial no podemos olvidar que para salvar lo humano hacen falta la poesía y el amor. Lo que ningún algoritmo podrá albergar será, por ejemplo, ese momento de la infancia que se recuerda con ternura y que, aunque pasen los años, sigue ocurriendo en cada rincón del planeta. Pienso en el uso del tenedor para sellar los bordes de esas empanadillas caseras que hacemos con nuestras madres o abuelas. En ese momento de aprendiz de cocinero, a medio camino entre el juego y la adultez, es donde se asume la responsabilidad del trabajo para ayudar al otro»[2]. Dar valor a lo sencillo y descubrir la belleza que encierra es propio de los cristianos. Cuando uno sabe ver a Dios detrás de todo, aprecia agradecido lo que de Él recibe.

La respuesta a la pregunta de si es posible ser feliz en este mundo será, por tanto, afirmativa. Esto nos da consuelo y tranquilidad y a la vez es un acicate para intentar lograrla, por el camino que la naturaleza nos ofrece —la

---

[2] Papa Francisco, Carta Encíclica *Dilexit Nos, sobre el amor humano y divino del Corazón de Jesucristo*, n. 20.

belleza— y que la enseñanza de Cristo nos recuerda las bienaventuranzas.

En una familia en la que los padres se quieren, los hijos son felices porque aprenden del amor de sus padres. Contaba un sacerdote amigo mío que vive en Roma, que fue a ayudar a un buen amigo en una catequesis en el Tiburtino, un barrio a las afueras de la ciudad. Jugaron al fútbol y al cabo de un rato se encontró a un chaval de unos ocho o diez años, que vagaba solo por el campo, sin hablar con nadie y con muy poco interés por el partido que estaban jugando. Le cogió aparte y le preguntó qué le pasaba. El niño le dijo: «Ho la crisi de la solitudine» (estoy pasando una crisis de soledad). Y le contó que se sentía muy mal porque sus padres se estaban separando. Cuando no se palpa ese amor en la escuela de amor que es la familia, se sufre, se pasa mal y no se aprende a amar de quien se deberían recibir esas primeras lecciones, que luego son tan importantes para la vida.

La felicidad no está en lo que se recibe, sino en lo que se da. Un regalo que nos hacen nos agrada, qué duda cabe, pero nos lo han regalado por la amistad que teníamos con esa persona, por su generosidad o como agradecimiento por un servicio que le habíamos prestado previamente. Esa amistad es una fuente de felicidad más valiosa que el regalo recibido a consecuencia de ella.

Buscamos ser felices, pero nunca solos, porque procuramos encontrar la felicidad de los demás, con los demás y para los demás. Si no, el algoritmo del que hablaba también recientemente el Papa León no funciona: «ningún algoritmo podrá jamás sustituir un abrazo, una mirada o un encuentro verdadero»[3]. El afecto se manifiesta en gestos, incluso físicos. No es solo una cuestión intelectual, aunque a veces descubrir el amor que encierra una caricia o el cariño que hay detrás de un pequeño gesto nos ayude a entenderlo mejor. Una simple manifestación de amor puede ser muy elocuente y hacernos muy felices.

El mundo es el lugar donde buscamos ser felices, pero no puede ser el objeto deseado, ni lo podemos identificar con la felicidad misma. Es más, la felicidad, tal y como nos dicen las bienaventuranzas, se puede encontrar en el mundo solo cuando no nos dejamos conquistar por él. No se trata de alejarse del mundo, sino de trascenderlo y de ver el modo de transformarlo, para que sea un lugar cada vez mejor. Es necesario despojar la realidad de la mundanidad que la envuelve.

Basta con releer despacio la oración sacerdotal que dirige Jesús a su Padre Dios, recogida en el evangelio de san Juan: *No te pido que los saques del mundo, sino que los guardes del Maligno*[4]. Jesús no está pensando en la felicidad que le puede suponer haber cumplido el plan salva-

---

[3] Papa León xiv, *Mensaje* dirigido a los participantes del Festival de la Juventud de Medjugorje, 4 de agosto de 2025.

[4] *Jn* 17, 15.

dor de Dios sobre la Humanidad, sino que piensa en sus discípulos y en los que vendrán después y le pide al Padre que los preserve del mal. No se conforma con haber cumplido su tarea, sino que se preocupa por aquellos a los que va dirigida la obra de la Redención. La felicidad mundana sería, en ese caso, la mera satisfacción por el trabajo hecho, el reconocimiento por el bien realizado, la vanagloria que lo acompaña.

No quiere esto decir que nos tengamos que alejar del mundo para ser felices, sino que lo mundano no da la felicidad. Si bien es cierto que algunos, queriendo dar un testimonio *escatológico*[5] se alejan del mundo y viven una vida apartada, otros muchos buscan santificar las realidades que les rodean: trabajo, familia, relaciones sociales, etc., procurando convertirlas en materia de santidad y el mundo es el lugar donde santificarlas. Estos dos grupos, el de los que se apartan del mundo y el de los que viven en él, pueden ser igualmente felices, porque buscan la felicidad en Dios, su fuente y su origen, aunque por caminos diferentes, según su vocación específica.

En definitiva, cada uno busca la santidad del modo que Dios le hace ver y que a cada uno le toca descubrir.

---

[5] Un testimonio del carácter escatológico de la Iglesia es la vida religiosa, que, por su apartamiento del mundo, su *contemptus mundi*, cumple la función de testimoniar la vida nueva y eterna conquistada por la Redención de Cristo y prefigurar la futura resurrección y la gloria del reino celestial.

Ninguno de esos caminos es mejor que el otro, porque todos son queridos por Dios. «Cada caminante siga su camino», y en ese perseguir lo que Dios nos propone, encontramos nuestra felicidad, los sueños cumplidos, nuestros anhelos hechos realidad.

Podemos, por tanto, ser felices en este mundo y lográndolo alcanzar la felicidad eterna. Esto es precisamente a donde nos lleva el mensaje salvador de Jesucristo que nos explica con las bienaventuranzas.

4.

Las bienaventuranzas en el sermón de la Montaña y el discurso del Llano

El discurso de Jesús junto al lago de Tiberíades, también llamado Mar de Galilea, es impresionante. El evangelio cuenta que la alocución se desarrolló en la ladera de una montaña y de ahí su nombre: *sermón de la Montaña*. Algunos estudiosos contemporáneos creen que el lugar preciso es una elevación junto al mar de Galilea, cercana a Cafarnaúm, a 212 metros bajo el nivel del mar. Como dice Benedicto XVI, «la tradición ha señalado una loma al norte del lago de Genesaret como el monte de las Bienaventuranzas: quien ha estado allí y tiene grabada en el espíritu la amplia vista sobre el agua del lago, el cielo y el sol, los árboles y los prados, las flores y el canto de los pájaros, no puede olvidar la maravillosa atmósfera de paz, de belleza de la creación, que encuentra una tierra por desgracia tan atormentada»[1].

---

[1] Benedicto XVI, *Jesús de Nazaret, Primera Parte*, Libreria Editrice Vaticana, 2007, pág. 94.

Ese parece ser el lugar. El momento en el que se produjo, pudo ser al caer la tarde, con el reflejo del sol en el agua y las montañas del norte vislumbrándose a contraluz. El ambiente era de silencio y de recogimiento, porque todos deseaban escuchar al Maestro. Algunos no le conocían, pero habían oído hablar de Él. Muchos habrían estado en alguno de sus grandes milagros o conocían a gente que los había presenciado en persona. Casi todos estaban *a favor*, aunque siempre habría indiferentes y curiosos que esperaban que Jesús hiciera algo extraordinario para poder contárselo luego a los demás y decir que ellos lo habían visto en directo. No sucedió ningún milagro en esta ocasión y todo transcurrió con relativa normalidad. El ambiente era de calma y serenidad: muy agradable. Jesús hablaba con la suficiente fuerza como para que todos pudieran entenderle, pero sin alzar la voz, porque se dirigía directamente al corazón de cada uno de los allí presentes. Como se había concentrado una muchedumbre notable, subiría hasta la zona más alta de la colina para que todos le pudieran ver. Una vez allí arriba, se sienta, lo cual tiene su importancia para los exégetas ya que expresa «un gesto propio de autoridad del Maestro que se sienta en la cátedra del monte»[2]. Habla en arameo, despacio, casi silabeando, remarcando las palabras y quizá haciendo una breve pausa al final de cada frase.

---

[2] *Ibidem*, pág. 92.

Bienaventurados los pobres de espíritu, porque suyo es el Reino de los Cielos.

Bienaventurados los que lloran, porque serán consolados.

Bienaventurados los mansos, porque heredarán la tierra.

Bienaventurados los que tienen hambre y sed de justicia, porque quedarán saciados.

Bienaventurados los misericordiosos, porque alcanzarán misericordia.

Bienaventurados los limpios de corazón, porque verán a Dios.

Bienaventurados los pacíficos, porque serán llamados hijos de Dios.

Bienaventurados los que padecen persecución por causa de la justicia, porque suyo es el Reino de los Cielos.

Bienaventurados cuando os injurien, os persigan y, mintiendo, digan contra vosotros todo tipo de maldad por mi causa.

Alegraos y regocijaos, porque vuestra recompensa será grande en el cielo[3].

Al acabar se hace un profundo silencio. Se podría decir que se escucha. Solo el ruido de las cigarras que estridulan[4] y el canto de algún que otro pájaro revoloteando alrededor de la multitud, lo interrumpe. La gente se ha quedado pensativa y asombrada. Es como si el Señor, por unos momentos, los hubiera trasladado a un mundo dife-

---

[3] Mt 5, 1-12.

[4] Así se llama el sonido que emiten los machos de cigarra, que son los únicos que lo hacen.

rente, a una realidad nueva, ajena al trajín de cada día y a los problemas a los que cada uno se tiene que enfrentar. Saborean la profundidad de las palabras que acaban de escuchar. Todo suena a novedad, aunque se trate de un mensaje asequible, al alcance de la vida sencilla de aquella gente.

Las bienaventuranzas son el pórtico del *discurso de la Montaña* con las que lo inicia Jesús y que se extenderá después de pronunciar despacio las breves sentencias de las bienaventuranzas.

El evangelio contiene dos versiones de la misma enseñanza de Jesús: una que ya hemos transcrito, que se contiene en el de san Mateo, llamada también *discurso de la montaña* (Mt 5, 3-12); y otra versión que nos da san Lucas, también llamada *discurso en el llano* (Lc 6, 20-23). La primera contiene las ocho bienaventuranzas, puesto que la última sentencia que comienza con esa misma palabra, *bienaventurados*, puede entenderse como una explicación de la octava. En la versión de Lucas se resumen en cuatro, a las que añade después cuatro advertencias o *ayes*. Como dice Benedicto XVI, el evangelista Lucas nos ha dejado una versión más breve del Sermón de la Montaña con otros matices. Vamos a transcribirla:

> *Y alzando los ojos hacia sus discípulos, decía: Bienaventurados vosotros los pobres, porque vuestro es el reino de Dios.*

36

Bienaventurados los que ahora tenéis hambre, porque seréis saciados. Bienaventurados los que ahora lloráis, porque reiréis.

Bienaventurados seréis cuando los hombres os aborrezcan y cuando os aparten de sí y os vituperen y desechen vuestro nombre como malo, por causa del Hijo del Hombre. Gozaos en aquel día y alegraos, porque he aquí que vuestro galardón es grande en los cielos; porque así hacían sus padres con los profetas.

Mas ¡ay de vosotros, ricos! porque ya tenéis vuestro consuelo.

¡Ay de vosotros, los que ahora estáis saciados! porque tendréis hambre.

¡Ay de vosotros, los que ahora reís! porque lamentaréis y lloraréis.

¡Ay de vosotros, cuando todos los hombres hablen bien de vosotros! porque así hacían sus padres con los falsos profetas[5].

Probablemente se trate de dos interpretaciones del mismo discurso, que los que estuvieron presentes recordaban y transmitieron a los evangelistas. El contenido es prácticamente el mismo, con alguna pequeña diferencia que no afecta a la sustancia del mensaje.

San Lucas sitúa este discurso después de la elección de los doce, que Jesús lleva a cabo tras pasar la noche en oración y que el evangelista sitúa en el monte donde ha-

---

[5] Lc 6, 20-23.

bitualmente rezaba el Señor cuando estaba en Galilea. Lucas dice que Jesús *se detiene de pie, en un llano* y allí pronuncia estas palabras. De pie, porque ese gesto expresa la majestad y la autoridad del Señor. «El lugar llano da a entender el dilatado horizonte al que Jesús dirige sus palabras, algo que Lucas subraya cuando nos dice que, además de los doce con los que había descendido del monte había un grupo grande de discípulos y de pueblo, procedente de toda Judea, de Jerusalén y de la costa de Tiro y Sidón, que venían a oírlo y a que los curara...»[6].

No pretendo hacer un estudio exegético y pormenorizado del texto, ni tampoco analizar los parecidos y diferencias entre ambos relatos. Me remito al que hace Benedicto XVI en su libro *Jesús de Nazaret*[7]. Ambos relatos, como en parte ya hemos visto, aportan algunos matices y detalles que enriquecen la escena. Como dice el *Catecismo de la Iglesia Católica*, «las bienaventuranzas dibujan el rostro de Jesucristo y describen su caridad; expresan la vocación de los fieles asociados a la gloria de su Pasión y de su Resurrección; iluminan las acciones y las actitudes características de la vida cristiana; son promesas paradójicas que sostienen la esperanza en las tribulaciones; anuncian a los discípulos las bendiciones y las recom-

---

[6] Benedicto XVI, *Jesús de Nazaret, Primera Parte*, Libreria Editrice Vaticana, 2007, pág. 96.

[7] *Ibidem*, págs. 91-97.

pensas ya incoadas; quedan inauguradas en la vida de la Virgen María y de todos los santos»[8].

También están configuradas como una fórmula de bendición, porque forman parte del lenguaje bíblico tradicional. El libro de los salmos comenzaba ya así: *Dichoso...* (*Sal* 1, 1). En las bienaventuranzas se proclama dichoso, feliz, a la persona que las acoge. En ese sentido, están situadas en el centro de los anhelos del hombre, porque «todos nosotros queremos vivir felices y en el género humano no hay nadie que no dé su asentimiento a esta proposición incluso antes de que sea plenamente enunciada»[9]. Pero, además, Cristo añade un horizonte escatológico, de salvación eterna: quien vive así, según el espíritu que Él enseña, tiene abiertas las puertas del cielo. Dios no se comporta con indiferencia, sino como el que toma partido por los hombres y mujeres de todos los tiempos: consolará a los suyos, los cuidará e incluso los llamará hijos de Dios.

Las siete primeras de las ocho bienaventuranzas que recoge san Mateo hablan de las actitudes del cristiano ante el mundo. En la octava, en cambio, cambia el destinatario —pasa a ser «vosotros»— y se refiere a los que sufren persecución a causa de Cristo. Esta bienaventuranza se sigue con una exhortación a la alegría: sufrir por Cristo es señal de que se ha elegido el camino correcto.

---

[8] *Catecismo de la Iglesia Católica*, n. 1717.

[9] S. Agustín, *De moribus Ecclesiae* 1, 3, 4.

Estas breves explicaciones del contenido general de las bienaventuranzas, que más adelante veremos con detenimiento, nos hacen ver la profundidad de este discurso, que no cabría reducir a simples consejos, sino que todas ellas conforman un programa de vida, que contribuye a encontrar la felicidad en este mundo.

Las bienaventuranzas son el camino para la felicidad humana porque expresan el doble deseo que ha grabado Dios en el corazón del hombre: buscar la verdadera felicidad en la tierra y conseguir la bienaventuranza del cielo. En ellas, recoge Jesús las promesas hechas al pueblo elegido desde Abrahán, pero dándoles una nueva orientación, porque habla no solo de la posesión de una tierra, sino de formar parte del Reino de los Cielos, que promete a quienes las viven.

5.
La contradicción de las bienaventuranzas: oxímoron

Cuántas veces pensamos que la vida es una pura contradicción. En los aparentes males descubrimos grandes bienes que vienen aparejados con ellos. Cuando tememos que suceda algo tremendo, de pronto cambian las circunstancias y nos sucede algo mucho mejor de lo que esperábamos. Otras veces, una desgracia familiar, la pérdida de un ser querido o un revés económico, siendo males en sí mismos, traen como consecuencia otros bienes, como un crecimiento en la madurez y en la responsabilidad de todos aquellos que los sufren.

Con las bienaventuranzas sucede algo parecido. Los que lloran son consolados. Los que sufren persecución o son injuriados se regocijan, porque reciben recompensa por esos males. De un mal surge un bien mejor, con lo que se puede afirmar que el mal que se padece se convierte en un medio para alcanzar el bien mayor que se recibe. Ante los males que nos sobrevienen, siempre hay que buscar el bien que esconden. Es una actitud positiva y sabia para llevar una vida feliz, porque nos hace ver el lado bueno en todo lo que nos pasa. La persona que se *enfanga* con el mal que padece y es incapaz de salir de él, se da pena a sí misma, se regodea en su dolor y solo se pregunta por qué le ha sucedido esto a él.

No estamos por tanto ante una enseñanza exclusiva para la vida espiritual —sufrir el mal con resignación porque llegará un bien mejor en la vida eterna—, sino ante una enseñanza que nos ayuda a ser más felices ya en este mundo, de un modo natural, sin tener que esperar al venidero.

Por eso, ser cristiano nos ayuda a encontrar la vida plena, la vida feliz también en este mundo y, para los que tenemos fe, también en el otro. Somos personas felices porque buscamos en todas las cosas el bien que aparece o el que subyace escondido en el mal que se padece.

Una actitud así es garantía de que la persona busca ser feliz y no se queda en el dolor que acompaña a todo mal, como la enfermedad, la pérdida de un trabajo o las dificultades familiares, sino que procura ver en todo ello una oportunidad para lograr un bien mayor, que siempre aflora con la ayuda divina y que Jesús promete en cada una de las bienaventuranzas.

El oxímoron es la combinación, en una misma estructura sintáctica, de dos palabras o expresiones de significado opuesto que originan un nuevo sentido. Un ejemplo nos ayuda a entenderlo: «silencio atronador». Las bienaventuranzas también contienen significados opuestos entre lo que ensalzan y el sentido que el Señor le da. Ser dichoso por sufrir, llorar, ser perseguido o padecer una injusticia es algo que se opone a la lógica del mal que se enuncia, pero que combinado con el bien que se promete, como lo hace Jesús, origina un nuevo significado, un modo nuevo de ver las cosas.

Cada una de estas ocho sentencias encierra una contradicción que conforma un panorama hasta entonces desconocido y que nos lleva directo a la felicidad. Vamos a analizar ahora cada una de ellas.

Primera: Bienaventurados los pobres de espíritu, porque de ellos es el Reino de los Cielos.

La primera, al igual que la octava bienaventuranza, promete el Reino de los Cielos a los que son pobres y viven la pobreza. En esta primera, se proclama dichosos a los «pobres de espíritu». En el Antiguo Testamento, la pobreza está ya perfilada no solo como situación económico-social, sino que desde el aspecto religioso es pobre quien se presenta ante Dios con actitud humilde, sin méritos personales, considerando su realidad de pecador, necesitado de la conversión y del perdón de Dios. De ahí que, además de vivir con sobriedad, la acepte y quiera vivir en tales condiciones no como algo impuesto por necesidad, sino voluntariamente, buscando ser pobre. A esta pobreza, san Mateo la llama *pobreza en el espíritu*.

La pobreza requiere el despojo de los bienes que poseemos para entregarlos. Desposesión también de nuestras cualidades, que pondríamos al servicio de nosotros mismos, pero que queremos que estén al de los demás por Dios. Por eso, quien vive esa pobreza de espíritu confía en Dios y se pone a su disposición.

Quien quiera vivir la *pobreza de espíritu* no se buscará a sí mismo, sino que procurará cuidar del otro, perdiendo su vida para salvarla, entregándose por amor, porque no hay amor más grande que el de quien da la vida por los demás.

Con este espíritu de fe y de confianza en Dios, se puede vivir despojado de uno mismo, de sus propias capacidades y cualidades personales. Esto es costoso y requiere mucho esfuerzo. San Pablo lo reconoce al hablar de la *espina que lleva clavada en su propia carne*[1] y para la que, lleno de paz, confía en la ayuda del Señor, que descubre al escuchar sus palabras: *te basta mi gracia*[2]. En el caso del Apóstol, la fe le ayudará a no caer en el desaliento, que es un fruto de la confianza que se deposita en uno mismo y en las propias fuerzas. Esta *pobreza*

---

[1] 2 *Co* 12, 7-9: *Y por eso, para que no me engría con la sublimidad de esas revelaciones, fue dado un aguijón a mi carne, un ángel de Satanás que me abofetea para que no me engría. Por este motivo, tres veces rogué al Señor que se alejase de mí. Pero él me dijo: «Te basta mi gracia, porque mi fuerza se muestra perfecta en la flaqueza». Por tanto, con sumo gusto seguiré gloriándome sobre todo en mis flaquezas, para que habite en mí la fuerza de Cristo.*

[2] 2 *Co* 12, 8.

de espíritu le llevará a merecer el Reino de los cielos, tal y como el Señor promete, y a tratar de instaurarlo aquí en la tierra, viviendo al modo divino, confiando plenamente en Dios y en su gracia. Confía, el *pobre de espíritu*, en la fidelidad de Dios: no se atribuye los frutos que en su propia vida puede alcanzar y reconoce sus miserias, sabiendo que la gracia le ayudará a vencerlas.

La pobreza es virtud personal, que el discípulo debe asumir para asemejarse cada vez más a su Maestro, poniendo por obra sus enseñanzas. No consiste en una pobreza material, solamente. El Señor no desechó a las gentes que tenían bienes de fortuna, ni dejó de invitarlas a que le siguieran. Pedro y Andrés poseían barca y aparejos de pesca; Juan y Santiago eran hijos de Zebedeo, pescador acomodado, puesto que contaba con otros pescadores asalariados que permanecieron en la barca cuando sus hijos se fueron tras Jesús. Mateo ejercía una profesión mal vista por la gente, con la que obtenía pingües beneficios: da un gran banquete en su casa para celebrar el seguimiento de Jesús. Y otros muchos ejemplos, como Zaqueo, el joven rico, su amistad con José de Arimatea, que pertenecía a la nobleza y era miembro del Sanedrín.

Jesús no rechaza a los ricos, pero les exige —igual que a todos— que se liberen de la servidumbre de sus riquezas, para poder convertirse en sus discípulos. Pide a los apóstoles que lo dejen todo para ir tras Él: *así pues, cualquiera de vosotros que no renuncia a todos sus bienes no puede ser mi discípulo*[3].

No es fácil vivir esta virtud de la pobreza, en la sociedad opulenta en la que estamos. Pero es un hecho que la explosión de materialismo de la sociedad del bienestar ha provocado un debilitamiento del espíritu cristiano, social e individual, en muchas personas. Me decía un conocido párroco de una ciudad importante, que acudían a la iglesia muchas más personas en épocas de crisis que cuando las cifras macroeconómicas iban de maravilla.

La libertad de los hijos de Dios consiste en parte en esto: moverse con soltura en medio de una sociedad opulenta, sin que se nos peguen, como sucede con las ballenas y los moluscos en su aleta, que nos impiden movernos con libertad en los mares de la vida. Lo aconsejaba muy bien san Josemaría: «ama y practica la pobreza de espíritu: conténtate con lo que basta para pasar la vida sobria y templadamente»[4].

La sobriedad y la pobreza cristiana tiene también resonancias que afectan a la propia familia. ¡Cómo se nota en los hijos haber tenido unos padres que les han enseñado a vivir este desprendimiento! Satisfacer todos los antojos se paga. Y la pedagogía que los buenos padres

---

[3] *Lc* 14, 33.

[4] S. Josemaría Escrivá, *Camino*, n. 631.

cristianos tienen que impartir es un tesoro que se llevarán sus hijos cuando crezcan y ¡cómo lo agradecerán!

Segunda: Bienaventurados los que lloran, porque serán consolados.

Dios será quien nos consuele y nos llene de paz. Los que lloran son los afligidos por alguna causa y, de modo particular, los que se apenan por las ofensas a Dios, propias o ajenas. Significativamente el premio procede de Dios porque solo el Señor puede consolar verdaderamente, ya que solo Él puede hacernos santos, lo que será nuestro mayor consuelo.

El llanto es la consecuencia del sufrimiento, de una pena o de un dolor. Se derraman lágrimas de dolor cuando este es insoportable, somatizándolo con el llanto. Ver a una persona mayor llorar nos produce desconsuelo; qué desventura tan grande le habrá sucedido para derramar tales lágrimas. El otro día en la parroquia, un hombre me pedía una ayuda a lágrima viva y he de confesar que era desolador verle así. Jesús, perfecto Hombre, también lloró ante la ceguera de Jerusalén, *que mata a los profetas*, o ante la muerte de Lázaro, su amigo.

El sufrimiento también puede proceder de un dolor moral, que provoca un daño más profundo en la persona, un desequilibrio y un desconsuelo, que con frecuencia son casi irreparables y más dolorosos que el dolor físico. Pena casi inconsolable, como vemos en la madre que pierde a un hijo o en el dolor que sufre la persona, cuando ve el final de la vida cercano.

Huxley, en su famosa novela *Un mundo feliz*[5], es el prototipo de las utopías que han intentado a lo largo de los tiempos crear el paraíso en la tierra. Las madres ahora alumbran a sus hijos sin dolor; a los enfermos en muchas ocasiones se les seda para que pasen el trance de la muerte de manera más llevadera y sin dolor; y muchos hombres y mujeres aparecen en *Instagram*, como un anuncio de que han logrado la perfecta felicidad que algún día alcanzaremos el resto de los mortales.

Pero el dolor sigue estando presente en nuestro mundo. El provocado por las guerras crueles, que han asolado nuestro Continente en el pasado siglo y que perseveran en África y en Asia dejando un rastro de muerte a su paso. El aborto implacable y frío, donde la víctima inocente nunca puede defenderse. La eutanasia y toda lo que rodea a la *cultura de la muerte;* la soledad y tantos males provocados por el enfriamiento de la caridad y el egoísmo. El dolor que produce por la mentira, la injusticia, la calumnia o la deshonra, del que nos hablan otras bienaventuranzas.

El Señor a los que lloran los llama bienaventurados, añadiendo que les da el consuelo, aliviando ese dolor, que también puede ser consecuencia del pecado, que Él carga

---

[5] Aldous Huxley, *Un mundo feliz,* Brave New World, 1932.

sobre sus hombros. El mismo dolor es penitencia y reparación del daño ocasionado por nuestros propios pecados.

Dar este sentido cristiano al dolor, lo alivia y engrandece porque colabora con la Redención de Cristo: *suplo en mi carne lo que falta a las tribulaciones de Cristo*[6]. *Si alguno quiere venir en pos de mí, que tome su cruz y me siga*[7]. Coger la cruz es condición inexcusable para el seguimiento de Jesucristo. La sombra de la cruz es señal de la victoria. Por más que se rechace, nunca se alcanza la felicidad. Su sombra es alargada. Un cristianismo que pretendiera arrancarse la cruz de la penitencia y del sacrificio no conservaría la doctrina de Jesucristo. Es nuestro signo.

No existe la felicidad sin dolor. Al menos en esta vida. Ni siquiera los hombres que parecen haber podido saciar todas sus aspiraciones la tuvieron. Cuentan de Abderramán III, el gran Califa de Córdoba, que reinó durante cincuenta años, sietes meses y tres días, que pasó a la posteridad con un curioso título: «el califa de los catorce días felices».

Esta es la misión de los cristianos, pero en especial de los pastores. Todos tenemos que consolar al que sufre, porque hemos de vivir la caridad del Espíritu de Amor, que es la Tercera Persona Divina. *Alegraos con los que se alegran, llorad con los que lloran. ¿Quién desfa-*

---

[6] *Col* 1, 24.

[7] *Lc* 9, 23.

llece sin que yo desfallezca? ¿Quién tropieza sin que me abrase de dolor?[8]. Abrirse al consuelo de Dios y llevar ese consuelo, tan necesario en nuestros días, a los demás. Tantas personas que se ven envueltas en el desaliento y en el desánimo, que incluso los puede llevar a quitarse la vida o a sufrir una tremenda soledad, por no encontrar la comprensión que desean. Es un mal de nuestro tiempo y nosotros tenemos que llevar al *Padre de las misericordias y Dios de toda Consolación* hasta ellos, para que, al encontrar la fe, puedan ser confortados por el mismo Paráclito Consolador. El *Catecismo* llama al Espíritu Santo "Consolador": «Jesús, cuando anuncia y promete la Venida del Espíritu Santo, le llama el "Paráclito", literalmente "aquel que es llamado junto a uno", *advocatus*. "Paráclito" se traduce habitualmente por "Consolador", siendo Jesús el primer consolador (cfr. *1 Jn 2, 1*)»[9].

Los que lloran a la sombra de la cruz merecen ser bienaventurados. *Dios enjugará las lágrimas de sus ojos y no habrá más muerte, ni llanto, ni luto, ni dolor, porque todas las cosas de antes ya son el pasado*[10].

---

[8] *2 Co 11, 29.*
[9] *Catecismo de la Iglesia Católica*, n. 692.
[10] *Ap 21, 4.*

Tercera: Bienaventurados los mansos, porque heredarán la tierra.

La mansedumbre es una consecuencia de la humildad. Las dos virtudes van juntas, porque la persona mansa es dócil con Dios y con los demás. El himno de la Caridad que recoge san Pablo en la primera epístola a los Corintios, en el capítulo 13, se podría calificar como un canto a la mansedumbre. El manso es paciente, no se irrita, no busca el mal, no es arrogante, es tranquilo, comprende siempre los defectos de los demás.

Los mansos, en la tercera bienaventuranza, son aquellos que, a imitación de Cristo, mantienen el ánimo sereno, humilde y firme en las adversidades, sin dejarse llevar por la ira o el abatimiento: «Adoptados como verdaderos hijos de Dios, llevemos íntegra y con plena semejanza la imagen de nuestro Creador: no imitando su soberanía, que solo a Él corresponde, sino siendo su imagen por nuestra inocencia, simplicidad, mansedumbre, paciencia, humildad, misericordia y concordia, virtudes todas por las que el Señor se ha dignado hacerse uno de nosotros y ser semejante a nosotros»[11].

Se hace referencia también a la docilidad como fuente de mansedumbre. Quien confía más en Dios que en su propio criterio, quien acepta la voluntad de Dios con agradecimiento más que con resignación, es manso, no

---

[11] S. Pedro Crisólogo, *Sermones*, n. 117.

porque sea indolente, sino porque se sabe protegido por el amor providente de Dios que lo cuida. *Venid a mí todos los que estéis cansados y agobiados y yo os aliviaré. (…) Y aprended de mí, que soy manso y humilde de corazón* —las dos virtudes van juntas— *y encontraréis descanso para vuestras almas: porque mi yugo es suave y mi carga ligera*[12].

Yahveh castigó a Aarón y a María por haber dudado de Moisés, persona buena en la que tanto confiaba Dios[13]. Le había puesto al frente de su pueblo y se trataba de un hombre con muchas cualidades. A Dios le duele el desprecio con que le tratan, cómo dudan de su rectitud y que le achaquen injustamente que no resuelva los problemas que tiene el pueblo elegido. Les castiga por ello. La bondad de Moisés se derramaba de su corazón amante.

La persona que tiene mansedumbre es descanso para los demás, porque contagia su serenidad a cuantos le rodean. Lo habrás comprobado muchas veces: un hermano, un amigo, un compañero de trabajo que es tranquilo, que transmite serenidad, es fuente de paz para todos y el ambiente se llena de ese remanso que es tan necesario.

«Es demasiado evidente que los arrebatos de cólera, lejos de una demostración de fuerza, son simplemente

---

[12] *Mt* 11, 28-30.
[13] Cfr. *Nm* 12, 3.

signos de debilidad. La rabieta del niño pequeño que no obtiene lo que desea, o las frenéticas impaciencias del anciano que no soporta sus achaques, son otras tantas confesiones de debilidad»[14]. Todo un clásico de la espiritualidad, como es Chevrot, ya hablaba de la necesidad de esta virtud en la vida cotidiana, advirtiendo de los peligros concretos que generaba su ausencia.

Jesús transmite esa paz y la gente acude a Él también por ese motivo, además de por las curaciones y los milagros que hace. Los fariseos y los doctores de la ley, en cambio, eran intransigentes. El Señor les acusa de tener dureza de corazón. No contagian mansedumbre, sino pesadumbre, intranquilidad de conciencia, falta de consuelo y rigorismo inmisericorde.

La mansedumbre tiene una gran fuerza de atracción. Nosotros los cristianos, que tratamos de imitar a Jesucristo, tenemos que administrar esa tierra de paz que el Señor nos ha dejado en herencia, para que algún día podamos llegar a la otra tierra que nos prometió, que no es otra que el Cielo. Hacer que nuestra vida aquí abajo sea lo más parecido al Cielo forma parte de nuestra misión.

No consiste la mansedumbre en algo temperamental ni en la falta de carácter. El manso tampoco es un personaje hierático, que se queda impasible ante el sufrimiento

---

[14] Georges Chevrot, *Las bienaventuranzas*, pág. 96, Ed. Rialp, 1956.

y las angustias que le rodean. En cambio, es humilde porque acude a quien todo lo puede, pidiéndole que le ayude. El dominio de sí mismo, confiar menos en uno que en el poder de Dios hará el resto. La persona humilde siembra mansedumbre por donde pasa.

No deja de ser una paradoja, como lo son el resto de las bienaventuranzas, que los mansos hereden la tierra. La tierra es patrimonio de los poderosos, al menos eso nos dicta nuestra experiencia. Sus nombres llenan nuestros libros de historia: Alejandro, César, Carlomagno, Napoleón… Los círculos de poder y los designios del mundo están en manos de unos pocos, que gobiernan los países más ricos de la tierra y deciden el destino del resto. Las agencias de noticias y la información en general se dominan desde un ordenador, donde el algoritmo de los poderosos decide lo que se ha de saber y lo que se ha de ocultar.

Pero es que la tierra por excelencia no es esta, sino la patria celestial. El término equivale a *Reino de los cielos*, nuestro destino eterno. La bienaventuranza no promete a los mansos un dominio sobre esta tierra, sino recibirla en herencia y poseerla. Esa tierra también es la pequeña parcela de nuestro entorno, familia, trabajo, amistades, ámbitos de influencia a los que llegamos. Este es el escenario real donde se desarrolla nuestra vida, que es patrimonio de los mansos.

Cuarta: Bienaventurados los que tienen hambre y sed de justicia, porque quedarán saciados.

Hambre y sed de justicia tienen los que se esfuerzan sinceramente en cumplir la voluntad de Dios, que se manifiesta en el cumplimiento de los mandamientos y de los deberes de estado, así como en la unión del alma con Dios; en definitiva, los que quieren ser santos.

La justicia en la Biblia se entiende como santidad. Por tanto, hambre y sed de justicia la tienen aquellos que buscan ser santos. No es el único significado que se podría dar a este consejo de Jesús, porque también los que buscan el bien, la verdad y la justicia —en su sentido más jurídico y menos bíblico— merecen su premio. Quedar saciado, como dice la segunda parte de la sentencia, significa «satisfacer completamente el hambre, la sed o cualquier otra necesidad física o espiritual». El mejor modo de obtener la plenitud de lo que se busca, la justicia, el bien, la verdad, es hacerlo con Dios.

Justicia y misericordia van juntas, porque cualquier acto de misericordia es justo y toda decisión justa lleva consigo cierta dosis de caridad, mayor o menor, según sea la dadivosidad de quien lo juzga. Buscar la santidad, el bien y la verdad debe mover todos los actos de nuestra vida y el Señor nos lo premiará.

En el fondo, lo que se pretende es identificarse con la voluntad de Dios para buscar con todas sus fuerzas el

Reino de Dios. Es algo que intentaremos hacer durante toda nuestra vida, porque nunca nos acabaremos de conformar. San Antonio Abad, que murió con 106 años, decía que «todavía no he comenzado a convertirme».

En la época de Jesús, llama la atención que aquellos hombres que representaban en Israel la religiosidad oficial mostraran desde el principio una radical incomprensión hacia Cristo y fueran sus acérrimos adversarios. La razón última de su hostilidad radicaba en la falsedad de su religiosidad. Eran fanáticos de las ceremonias formalistas, se fijaban en las minucias externas que había que cumplir, pero no adoraban al Padre *en espíritu y en verdad*[15]. Tenían un concepto mezquino y pobre de la justicia (santidad), que pensaban que podían conseguir con el cumplimiento de normas formales. Habían olvidado el precepto de la ley antigua, que todos los judíos conocían bien y guardan en la *mezuzá* que adornaba las jambas de las puertas en sus casas y lugares públicos, como lo siguen haciendo ahora: *Amarás al Señor tu Dios con todo tu corazón, con toda tu alma y con todo tu entendimiento*[16].

El hambre y la sed de justicia no se circunscribe a uno mismo, sino que abarca el deseo de que *todos los hombres se salven y lleguen al conocimiento de la verdad*. Por tanto, la búsqueda de la Verdad para los demás también es ca-

---

[15] *Jn* 4, 23.
[16] *Mt* 22, 37.

mino para alcanzar esa felicidad plena que prometen las bienaventuranzas. Buscamos el bien no para nosotros, no el bien que se posee, sino el bien que se da, el de la auténtica felicidad: un bien que no se busca y que solo se logra con la entrega.

Los mayores enemigos de la justicia son el pecado y la tibieza, ese estilo mediocre de vivir la vida religiosa, al que, por desgracia, estamos tan acostumbrados. Quizá durante mucho tiempo, ser un buen cristiano se limitaba al cumplimiento de unas cuantas obligaciones indispensables, que no solamente han decaído, sino que ya no se sabe ni cuáles son.

Conozco un grupo de jóvenes profesionales que se reúnen con frecuencia en persona o de modo telemático, para meditar sobre algún santo o figura insigne de la Iglesia, con la idea de aprender sus enseñanzas y ver el modo de aplicárselas a sus vidas. El grupo se denomina *santas o salvadas*, porque está formado por mujeres. Me parece muy significativo ese nombre, porque recoge esta misma idea que estoy exponiendo. Si nos conformarnos con salvarnos, no aspiramos a la santidad a la que somos llamados por Dios.

Decía san Josemaría en una entrevista que le hacían en 1966: «Desde 1928, mi predicación ha sido que la santidad no es cosa de privilegiados, sino que puedan ser divinos todos los caminos de la tierra, todos los estados, todas las profesiones, todas las tareas honestas.

Hay que rechazar el prejuicio de que los fieles corrientes no pueden hacer más que limitarse a ayudar al clero, en apostolados eclesiásticos. Y advertir que, para lograr este fin sobrenatural, los hombres necesitan ser y sentirse personalmente libres, con la libertad que Jesucristo nos ganó»[17].

Recorrer con hambre y sed de justicia estos caminos divinos de la tierra parece una bienaventuranza para cristianos que vivimos en tiempos difíciles. Hoy en día, ser cristiano significa más que nunca ser discípulo de Jesucristo. Ya no sirven los formalismos de otras épocas, ni es posible vivir una fe aguada y sin compromisos claros. Vamos contracorriente y el ambiente en el que nos desenvolvemos es claramente contrario a la fe o profundamente indiferente. Por otra parte, somos conscientes de que Dios saciará nuestro afán de santidad con regalos inesperados a nuestra entrega. Lo hemos comprobado tantas veces...

Quinta: Bienaventurados los misericordiosos, porque alcanzarán misericordia.

Los misericordiosos, en la quinta bienaventuranza, son los que comprenden los defectos que pueden tener

---

[17] Fragmento de la Entrevista realizada por Jacques Guilleme-Brulon y publicada en *Le Figaro* (París), el 16-V-1966, recogida en *Conversaciones con Mons. Escrivá de Balaguer*, n. 34.

los demás, los perdonan, disculpan y procuran ayudarles a superarlos. La parábola del siervo despiadado y en especial las palabras del amo, son el mejor comentario a esta bienaventuranza: *Siervo malvado, yo te perdoné a ti toda aquella deuda porque me lo suplicaste. ¿No debías tú también compadecerte de tu compañero, del mismo modo que yo me compadecí de ti? Y encolerizado su señor, lo entregó a los verdugos hasta que pagase todo lo que le debía. Esto mismo hará con vosotros mi Padre celestial, si no perdonáis de corazón cada uno a vuestro hermano*[18].

Aunque hemos hablado de la misericordia y de la caridad en las demás bienaventuranzas, el Señor promete que alcancen misericordia aquellos que la buscan en todo lo que hacen. Es, por así decir, la bienaventuranza más genuina para mostrar que en cuanto nos entregamos logramos la felicidad. Por eso, lo que el Señor cuenta en la parábola del rico que almacena bienes para vivir de ellos el resto de sus días, es toda una lección acerca de esta realidad: cuando cree haber conseguido ser feliz y deja de darse, lo pierde[19].

Un mundo regido exclusivamente por la justicia, en el que estuviera ausente la misericordia, no sería ni cristiano ni humano. Tenemos ejemplos de países en los que sus gobernantes buscan exclusivamente el bienestar de sus ciudadanos, un alto nivel de vida y poderío económi-

---

[18] *Mt* 18, 21-35.
[19] Cfr. *Lc* 12, 13-21.

co, que se convierten en sociedades profundamente inhumanas e implacables, en las que el sentido cristiano de la misericordia brilla por su ausencia.

Es misericordioso quien confía plenamente en el perdón de Dios y sabe transmitir a los demás esa confianza. En el caso del sacerdote, la misericordia se manifiesta a la hora de administrar los sacramentos y en el del fiel corriente, animando a que la gente confíe en la bondad de un Dios que todo lo perdona.

El mismo Jesucristo nos dio ejemplo de misericordia. La parábola del hijo pródigo[20]; la compasión que siente por la muchedumbre, porque *llevan ya tres días a mi lado y no tienen qué comer*[21]; con la mujer pecadora, a la que le pregunta: *¿nadie te ha condenado? Pues yo tampoco te condeno: vete y no peques más*[22]. Jesús, una vez más, va por delante dándonos ejemplo de corazón misericordioso.

Se nos anima también, como dicen las palabras de la oración que el mismo Cristo nos enseñó, a ser misericordiosos con los demás, a instaurar el reino de la misericordia y del amor verdadero en la tierra, perdonando a los que nos ofenden y no guardando rencor. Todos debemos contribuir a que la Iglesia sea, allí donde está presente, un oasis de paz, que instaure el perdón, que ayude a que nos comprendamos mejor los unos a los otros.

---

[20] Cfr. *Lc* 15, 20.

[21] *Mc* 8, 2.

[22] *Jn* 11, 1.

La misericordia debe suscitar en nosotros una actitud de confiada esperanza. San Agustín lo expresaba con una idea tremendamente consoladora: «Confía el pasado a la misericordia de Dios; el futuro a su providencia amorosa. Y preocúpate de llenar el presente de amor de Dios»[23].

El Señor llama misericordiosos a los que la alcanzan: la obtienen para sí y quizá también la merecen para los demás. Como el pararrayos protege el entorno, así los misericordiosos son hombres justos que atraen la misericordia de Dios sobre la Humanidad. Recordemos el diálogo que tiene Jonás con Yahvé para que no destruyera la ciudad de Nínive y la negociación de Abrahán sobre la destrucción de Sodoma[24]. Si encuentra al menos diez justos —cuando al inicio de la *negociación* el Señor exigía cincuenta—, no destruirá la ciudad. Los que son misericordiosos alcanzan también la misericordia para los demás.

Sexta: Bienaventurados los limpios de corazón, porque verán a Dios.

Ver a Dios, en la sexta bienaventuranza, no se refiere únicamente al premio final. En el lenguaje del Antiguo Testamento significa tener relación estrecha con Él, par-

---

[23] San Agustín, *Carta* 235, sección 5.
[24] Cfr. *Jon* 4, 1-11 y *Gn* 18, 24-32.

ticipar de sus decisiones, como los consejeros de un rey participan de las disposiciones de su soberano. De ahí la capacidad que nos otorgan la virtud de la pureza y limpieza de corazón: «La pureza de corazón es el preámbulo de la visión. Ya desde ahora esta pureza nos concede ver según Dios, recibir a otro como un "prójimo"; nos permite considerar el cuerpo humano, el nuestro y el del prójimo, como un templo del Espíritu Santo, una manifestación de la belleza divina»[25].

Es necesario poner el corazón en el Señor, que es amor, para recorrer este camino de felicidad. No podemos compartir el corazón entre Dios y los ídolos, entre las cosas materiales —riquezas de este mundo— y las realidades del cielo.

Limpieza de corazón también en cuanto a las intenciones. Si perseguimos el propio interés a la hora de hacer las cosas, la recompensa o el agradecimiento de la persona a la que amamos, no tendremos recta intención. Eso ya lo ve Dios y confiamos, como Él mismo nos dijo, en que nada quedará sin recompensa: *cualquier cosa que hagáis por uno de estos mis hermanos más pequeños, conmigo lo hacéis y vuestra recompensa será grande en el Reino de los cielos*[26].

---

[25] *Catecismo de la Iglesia Católica*, n. 2519.
[26] *Mt* 25, 4.

Se respeta a quien se ama, a quien es el objeto de nuestro amor. Cuenta José Manuel Horcajo[27] que en su parroquia de Puente de Vallecas hace labor con las personas sin hogar, que se encuentran en *situación de calle*. A esas personas les ayudan colaboradores de la parroquia que no se conforman con darles alimento, vestido o techo —un hogar, en definitiva—, sino que buscan acercarlos a Dios, para que le puedan conocer y amar.

Limpios de corazón para amar al prójimo, respetando la intimidad del otro, con exquisita delicadeza, sin pisotear su conciencia. En el acompañamiento espiritual se abren horizontes, se muestra un panorama maravilloso, pero es el propio individuo al que se acompaña, quien libremente debe recorrerlo por sí mismo.

La pureza interior puede ser el fruto de un largo proceso de conversión, de curación para superar adicciones, curar heridas y limpiar los ojos del alma, para que puedan ver la auténtica realidad de nuestra vida. Se logra tener una mirada limpia, que es la mirada con la que Dios nos ve.

Un modo eficaz de purificar el corazón puede ser el de cultivar el agradecimiento, valorando lo que hemos recibido de Dios y corresponder a su Amor. Cuando damos gracias por algo, quiere decir que valoramos lo que nos dan y el agradecimiento que mostramos es una manera

---

[27] Cfr. José Manuel Horcajo, *Al cruzar el puente,* Ed. Palabra.

de unirnos a la persona e intimar con ella. Cuando hay gratitud, se establece una relación de cercanía grande entre el que da y el que recibe.

Verán a Dios, como promete el premio de la bienaventuranza. Dios se hace presente en nuestra vida y, a través de mí, en la vida de los otros. Ver a Dios en lo que hago por Él y en los demás a los que procuro servir y no servirme de ellos. A los que así actúan, Dios les concede una mirada limpia y profunda.

Ver a Dios supone, además, tener deseos de estar con Él, algo enraizado en lo más íntimo del corazón humano, que «se sentirá inquieto hasta que descanse en Él», como dirá S. Agustín. La bienaventuranza relaciona el destino de plena felicidad en el cielo con la limpieza de corazón que necesitamos. Sin un corazón limpio, no podemos alcanzar el fin sobrenatural al que estamos llamados.

Esta limpieza de corazón no se circunscribe a la observancia de unos preceptos, como ya he señalado anteriormente. Los fariseos se escandalizaban de que los discípulos no se lavaran las manos antes de comer el pan[28] y Jesús les recuerda que lo que ensucia el corazón del hombre no es lo que entra por la boca, sino lo que sale de ella, que puede mancillar su corazón, *porque de la abundancia del corazón habla la boca*[29]. Y es de ahí de donde *proceden*

---

[28] Cfr. *Mt* 15, 21.
[29] *Mt* 12, 34.

los malos pensamientos, los homicidios, adulterios, actos impuros, robos, falsos testimonios y las blasfemias. Estas cosas son las que hacen al hombre impuro[30]*. «¿Quieres ver a Dios?* —se pregunta san Agustín—*.* Escucha lo que te dice: bienaventurados los limpios de corazón, porque ellos verán a Dios. Preocúpate primero de limpiar tu corazón. Todo lo que en él desagrada a Dios, arrójalo fuera»[31].

El rasgo que más destaca en el perfil de la bienaventurada Virgen María, además de su humildad, proclamada en el Magníficat, es su pureza inmaculada, su limpieza de corazón. Ella no solamente vio a Dios, sino que lo llevó en sus entrañas purísimas.

Séptima: Bienaventurados los pacíficos, porque serán llamados hijos de Dios.

Los pacíficos, en la séptima bienaventuranza, son *los que promueven la paz,* en sí mismos y en los demás y, sobre todo, como fundamento de lo anterior, procuran reconciliarse y reconciliar a los demás con Dios. «La paz no es una cosa del todo hecha —como dice el Concilio Vaticano II—, sino un perpetuo quehacer. Dada la fragilidad de la voluntad humana, herida por el pecado, el cuidado por la paz reclama de cada uno constante dominio de sí

---

[30] *Mt* 15, 19-20.

[31] San Agustín, *II Sermón de la Ascensión.*

mismo y vigilancia por parte de la autoridad legítima. Esto, sin embargo, no basta. (...) La paz es también fruto del amor, el cual sobrepasa todo lo que la justicia puede realizar»[32].

Los que trabajan por la paz serán llamados con el título de hijos de Dios, que es el Señor de la paz. El discípulo de Cristo es un hombre abierto a la paz, pero a una paz genuina. Pacífico no se identifica con pacifista, con el que manipula la obtención de la paz con fines políticos. Esa paz se convierte en arma arrojadiza, un eslogan, un tópico que se transforma en bandera política. La paz que siembra discordia y división en la sociedad no es la paz de Dios. Los discípulos de Cristo son *hacedores* de la paz, pacificadores de los hombres.

Y la historia del cristianismo en Europa así lo confirma. Se civilizaron y pacificaron los pueblos bárbaros al entrar en contacto con la Iglesia. En los siglos oscuros de la Edad Media, la Iglesia desarrolló una paciente labor de educación, suavizando la rudeza de aquellas gentes. El cultivo del arte y el sostenimiento de la cultura, el fomento de la ciencia y el desarrollo de los avances sociales, como la igualdad entre hombres y mujeres, pobres y ricos, se debe a la labor pacificadora de la Iglesia.

El tiempo en que vivimos se ha caracterizado por un retorno a la violencia. El reciente asesinato de Charlie

---

[32] Concilio Vaticano II, *Gaudium et spes*, n. 78.

Kirk, un influyente activista conservador y profundamente cristiano, así lo confirma. La violencia se ha extendido como una epidemia en las sociedades contemporáneas y pone al servicio de sus fines todo tipo de recursos de la guerra psicológica. Se amenaza con sanciones a quien no cumpla las normas; se asusta a los individuos, como se hizo en la pandemia, para someterlos a un control —hasta cierto punto, desmesurado—, por ejemplo, en las relaciones económicas. Se atemoriza a la sociedad, esgrimiendo que el adversario político es enemigo de la libertad de la que uno se apropia.

Esta revitalización de la violencia está muy en consonancia con la descristianización de la sociedad, que marcha sin rumbo y a la que las ideologías pretenden controlar. Muchos protagonistas del terrorismo y de la violencia son hijos de familias cristianas, que ya no tienen en sus corazones los sentimientos de paz de Jesucristo. Y esto nos tiene que hacer pensar.

Jesucristo es el Príncipe de la paz, pues trae la paz al mundo desde la primera hora de su nacimiento en Belén. Jesús, durante toda su vida, fue sembrando paz por los caminos de la tierra: *la paz sea con vosotros*, era su saludo habitual. Se trata de un tesoro que dejó en herencia para sus discípulos de todos los tiempos: *la paz os dejo, mi paz os doy*[33], como repetimos en la Misa.

---

[33] *Jn* 14, 27.

Esta bienaventuranza nos anima a que seamos sembradores de paz y de alegría allí donde estemos. A evitar riñas y comparaciones, que proceden por lo general de juicios parciales y precipitados o manifiestamente injustos, con los que prejuzgamos los actos de los demás. A veces serán solo internos, pero no por ello menos dañinos ya que, aunque no socaven la fama del prójimo, establecen una opinión sobre él, que condiciona luego nuestro actuar.

El pacífico no es timorato, porque los pacíficos y mucho más hoy en día, necesitan no tener miedo, que es como se presenta Jesús a los Apóstoles después de su Resurrección. El pacífico ha de tener los pies en la tierra, sin dejarse llevar por un pesimismo paralizante, que solo se fija en los aspectos negativos de cuanto le rodea. El pacífico es una persona optimista, que confía en la Providencia, siempre lleno de esperanza. Como recordará san Pablo y esa debe ser también nuestra actitud, *para los que aman a Dios, todas las cosas son para bien*[34].

Santa Teresa de Jesús lo sintetizaba en la letra de esa coplilla que ella llevaba escrita en su breviario: «Nada te turbe, nada te espante, todo se pasa, Dios no se muda. Quien a Dios tiene, nada le falta: solo Dios basta».

Paz, que es concordia y alegría, armonía; que permite trabajar juntos, que facilita la convivencia y contribuye

---

[34] *Rm* 8, 28.

a mirar al futuro y a no enredarse con hechos del pasado que inmovilizan porque impiden avanzar y crecer.

Todas las bienaventuranzas, en realidad, conforman un camino que lleva a la paz, a la reconciliación. Por eso, tiene tanto que ver con esta el sacramento de la reconciliación que el sacerdote administra y los fieles y los propios sacerdotes reciben. Hemos de contribuir a restablecer la paz, que, como dice san Pablo, quiso el Padre *que en nuestro Señor habitara la plenitud de todo y por medio de Él reconciliar a todos los seres consigo, restableciendo la paz por medio de su sangre derramada en la Cruz*[35].

Mantener y acoger la paz de Dios, para luego saber transmitirla a los demás, siendo cada uno de nosotros sembradores de la paz y de la alegría de Jesucristo. Debemos borrar de nuestra conducta, si queremos ser hombres y mujeres de paz, todo lo que suponga inquietud, desasosiego, amargura, división, odio y enfado, pelea y conflicto. No estamos contra las personas, sino que solamente combatimos las ideas, sobre todo las que son contrarias a la Verdad. Esto requiere por nuestra parte dominio sobre nosotros mismos, para meditar las cosas, madurarlas, llevarlas a la reflexión personal y evitar tomar decisiones precipitadas que siembran inquietud y desconcierto, por no ser el fruto de esa paz que

---

[35] *Col* 1, 19-20.

los demás esperan de nosotros. Hemos de cultivar esa *empatía sobrenatural*, que nos ayudará a ser rostro de Jesús allí donde estemos.

Octava: Bienaventurados los que padecen persecución y son calumniados por causa de la justicia, porque suyo es el Reino de los Cielos.

En la octava se dice que son bienaventurados *los que padecen persecución por causa de la justicia*. La justicia en la Biblia adquiere un valor más religioso y amplio que su empleo predominante en términos jurídico-morales. «En el lenguaje hebreo, justo quiere decir piadoso, servidor irreprochable de Dios, cumplidor de la voluntad divina (cfr. *Gn* 7, 1; 18, 23-32; *Ez* 18, 5ss.; *Pr* 12, 10; *Mt* 1, 19); otras veces significa bueno y caritativo con el prójimo (*Tb* 7, 6; 9, 6). En una palabra, el justo es el que ama a Dios y demuestra ese amor, cumpliendo sus mandamientos y orientando toda su vida al servicio de sus hermanos, los demás hombres»[36]. El texto de la bienaventuranza une la búsqueda de la justicia con las persecuciones, con lo que se puede concluir que en esta bienaventuranza se declara que «el hombre es perfecto viviéndolas cuando no las abandona en el momento de las tribulaciones», como dice santo Tomás de Aquino[37].

---

[36] S. Josemaría Escrivá, *Es Cristo que pasa*, n. 40.
[37] Sto. Tomás de Aquino, *Super Evangelium Matthaei*.

La imagen más usada por san Pablo para expresar la idea de conversión hacia la santidad es la del *hombre nuevo*. El bautismo opera en la criatura una poderosa transformación, que le convierte en nueva criatura. Toda conversión supone un cambio radical en la persona, que hace morir al hombre viejo para que nazca el nuevo. Este hombre nuevo es el hombre redimido, puesto que, como dice el Apóstol, *nuestro hombre viejo fue crucificado juntamente con Cristo*[38]. Así animaba a los colosenses a desnudarse del hombre viejo con sus acciones y a revestirse del nuevo[39].

Perseguidos «por la justicia de los hombres», se entiende. Esa justicia que podríamos denominar *injusta* no busca la verdad, sino que la falsea. Quien la sufre, tiene una recompensa grande en los cielos. Somos perseguidos, injuriados, calumniados —aunque a esto se refiere la "novena"[40] bienaventuranza—, cuando se difunden maldades sobre nosotros, a veces incluso falseando la verdad, como hicieron en su día con los profetas. El Señor es quien sufrió primero esa persecución a causa de la Verdad, con un juicio injusto, sin pruebas o con pruebas falsas y cuya sentencia se pronunció a sabiendas de que se fundaba en falsedades.

---

[38] *Rm* 6, 6.

[39] Cfr. *Col* 3, 9-10.

[40] Como hemos explicado en el n. 4, las bienaventuranzas son ocho, porque esta última sentencia, que comienza también con la palabra *bienaventurados*, se entiende como explicitación de la anterior.

El signo de la cruz caracteriza a los discípulos de Jesús. Este es el principal combate de nuestra vida contra el *tentador*, que busca nuestro desaliento, para que dejemos de luchar contra nosotros mismos y contra los enemigos de nuestra salvación. Desanima ver cómo los enemigos de la Verdad utilizan el engaño y la mentira con total impunidad. La batalla de las ideas se desequilibra y las consecuencias son funestas. Aunque es cierto que la mentira casi siempre se revuelve contra quien la utiliza, con un efecto *bumerán*, no es menos cierto que mientras llega, se provocan daños a veces irreparables.

Jesús mismo, si analizamos los momentos trascendentales de su vida en la tierra, después de la sentencia injusta y totalmente falta de verdad de Pilato con que es condenado, le perdona a él y a quienes le han llevado hasta él. Todas sus palabras, las famosas siete últimas frases que pronuncia Jesús son de perdón y de paz[41]. Promete al buen ladrón que por su arrepentimiento le va a premiar con el Paraíso. Todos aquellos que se reconcilien con Dios, los que busquen esa paz que llena el corazón la encontrarán también en esta tierra.

El perdón reconcilia y da paz al que lo concede y al que lo obtiene. En quien lo pide, requiere la humildad

---

[41] *Padre, perdónalos, porque no saben lo que hacen; Hoy estarás conmigo en el paraíso; Mujer, ahí tienes a tu hijo. Hijo, ahí tienes a tu madre; Dios mío, Dios mío, ¿por qué me has abandonado? Tengo sed; ¡Todo está consumado! Padre, a tus manos encomiendo mi espíritu.*

de reconocer el propio error y contribuye a que reine la paz y no se instaure la desconfianza ni el recelo que provoca la mentira.

Añade esta bienaventuranza una coletilla final. «Se trata —como dice el Catecismo— de un colofón apasionado, que brota con fuerza irresistible del Corazón enardecido de Jesús. Bienaventurados cuando os injurien, os persigan y, mintiendo, digan contra vosotros todo tipo de maldad por mi causa. Alegraos y regocijaos, porque vuestra recompensa será grande en el cielo. ¿Qué mejor retribución a su fidelidad puede desear el discípulo de Cristo?»[42]. Colofón, porque subraya un tipo de persecución basada en pérdida de la fama, un sufrimiento moral que goza de la promesa del premio del cielo.

La buena fama que todos perseguimos puede verse dañada por la persecución a causa de la mentira. Jesús nos propone una recompensa grande en el cielo, porque es consciente del dolor y del daño que provoca. Lo sufrió en su propia Persona y fue llevado al patíbulo como consecuencia de una falsedad. Él, que solo venía a hacer el bien, sufre el dolo, el engaño de hacer creer que todo era una falsedad para lograr su propio bien. Él, que solo había buscado la bondad, es objeto de la maldad más

---

[42] José Orlandis, *8 Bienaventuranzas*, Ed. Nuestro Tiempo, 1982, pág. 151.

cruel. Él, que era la Verdad, sufre las consecuencias de la mentira.

La buena fama es un bien de la persona que se basa en la opinión social favorable y en el reconocimiento que otras personas tienen de un individuo. Consiste en que otros consideren a ese individuo como una persona de integridad y en la que se puede confiar, lo que es fundamental para la convivencia, ya que una buena reputación facilita el respeto y las buenas relaciones sociales.

El derecho a la buena fama y al honor es un principio fundamental dentro del ámbito del Derecho y la protección de los derechos humanos. Está estrechamente relacionado con el derecho a la dignidad y a la privacidad de las personas. El reconocimiento y protección de este derecho se basa en la idea de que todas las personas tienen derecho a mantener una reputación indudable y a ser tratadas con respeto y consideración. El individuo tiene derecho a ser reconocido y valorado por su reputación y buenas acciones. Esto implica que las personas deben ser protegidas de la difamación, la calumnia o cualquier acto que pueda dañar su reputación y perjudicar a su imagen pública.

Cuando somos calumniados o injuriados a causa de nuestra fe sin que podamos defendernos, ese dolor debe alegrarnos, al menos el Señor así nos lo pide. Nos veremos recompensados en el cielo, porque la injusticia, de la que habla esta bienaventuranza, sufrida a causa de Jesús, nos dará una alegría que nada ni nadie nos podrá arrebatar. Quizá lo hemos sufrido también por otros motivos. Una persona que pretende ser honrada, que no puede, por ejemplo, revelar algo malo de otro o no quiere hacerlo, sufre el daño en su fama, puede ser perseguido por ello. Hemos de luchar por defender la justicia. Muchas veces, como dice Orlandis, «la lucha por la justicia plena —que es la santidad— habrá de combatirla el cristiano en un clima arduo de hostilidad, que Cristo no dudó en llamar persecución»[43].

En la batalla política lo vemos con frecuencia en quien utiliza como arma política la mentira; se manipulan las estadísticas y se falsean los datos; se ocultan las pruebas o se borran para quedar impune el acusado y causar de ese modo un daño al contrincante. El arte del buen gobierno, en que debiera consistir la gobernanza de la cosa pública, parece haberse convertido en un foco de corrupción y de mentira, donde el engaño está a la orden del día y la verdad brilla por su ausencia. El diálogo se convierte en insulto porque no se escucha al otro. Solo se pretende vencerlo en un debate, que ya no es de ideas, sino de «argumentarios». No se busca la verdad, sino el relato. Se cambian las circunstancias, se agrían las palabras, se contraponen los argumentos, pero la Verdad y el Bien brillan por su ausencia. Los go-

---

[43] José Orlandis, *Op. cit.*, pág. 141.

bernados sufren las consecuencias y la sociedad se va carcomiendo poco a poco, porque los que deberían ser ejemplares no lo son, provocando grandes males entre ellos por la ausencia de un gobierno digno y eficaz.

Buscar la verdad y defender el bien siempre es el mejor de los negocios. Las personas que lo hacen son felices y quienes injustamente sufren por ello tienen la alegría como premio en esta vida y una gran recompensa en el cielo, prometido por Nuestro Señor.

6.
Una vida con propósito

Con las bienaventuranzas, Jesús nos señala el camino para lograr la felicidad y nos da la receta para conseguirla.

A la Inteligencia Artificial cuando le preguntas quiénes son las personas más felices, dice «que la relación entre religión y felicidad también puede depender del contexto cultural, como se observa en el alto porcentaje de "muy felices" entre los religiosos activos. Quienes viven con intensidad y en profundidad su fe, son más felices. Y cuando le preguntas si las personas que creen en Dios son más felices que las que no, dice que «los estudios tienden a mostrar que las personas religiosas y espirituales suelen reportar mayor felicidad, bienestar emocional y satisfacción con la vida, que las personas que no son creyentes. Esta conexión se atribuye a factores como un mayor sentido de propósito, el optimismo, la esperanza y el apoyo social dentro de las comunidades religiosas».

Un sondeo en 2023 realizado en todo el Reino Unido con entrevistas a 2.004 adultos detectó que el porcentaje de personas religiosas que declaran ser felices y estar satisfechas con la vida es aproximadamente un 50% más que las personas ateas. Preguntados por su **felicidad**, de nuevo 3 de cada 4 creyentes (76%) dijeron ser felices, mientras que apenas un poco más de la mitad de los ateos declaraba serlo (un 52%). Lo mismo si les preguntaban **si estaban satisfechos con la vida**: solo un 53% de ateos lo estaba, mientras que entre los creyentes estaban satisfechos un 76%. Si se les preguntaba **si se sentían optimistas respecto a su propio futuro**, el 69% de los creyentes sí lo era, pero solo un 42% de los ateos era optimista[1].

Esa vida plena que todos buscamos es casi imposible lograrla sin Dios. Jesús es quien nos marca el camino para que, recorriéndolo, la alcancemos en esta vida como antesala de la eterna que nos espera. La referencia de la una a la otra, de la terrenal a la celeste, es constante, pues la felicidad no es otra cosa que un anhelo de lo que se espera alcanzar. Esa búsqueda conlleva una vida feliz, porque al buscar la felicidad del cielo, se vive más feliz en este mundo.

El camino de las bienaventuranzas no es un mandato de obligado cumplimiento, sino un consejo, una propuesta que se nos hace. No se nos impone: se nos propone. La experiencia de nuestra vida nos permite compro-

---

[1] P. J. Ginés, *Religión en Libertad*, 2-XII-2023. Se trata del informe *Keep the Faith: Mental Health in the UK,* redactado por el Dr. Rakib Ehsan, investigador asociado principal del Instituto para el Impacto de la Fe en la Vida (IIFL).

bar que esto es así y que, cuando nos esforzamos por vivir de esa manera, la segunda parte de cada una de estas ocho proposiciones siempre se cumple.

Buscar la felicidad en este mundo no es algo malo ni contrario a pretender alcanzar la felicidad del cielo a la que estamos llamados. Ya lo dejó muy claro san Josemaría cuando afirmó de modo tajante: «cada vez estoy más persuadido: la felicidad del Cielo es para los que saben ser felices en la tierra»[2]. No son dos aspiraciones opuestas que se contradigan, o que alcanzando una no se pueda alcanzar la otra. Las personas que buscan el cielo son muy felices ya en esta vida, porque ven todas sus más altas aspiraciones cumplidas y tienen esperanza de las que les falta por alcanzar.

Si todos buscamos ser felices, ¿por qué hay tantos que no lo logran? Con frecuencia, nos encontramos con personas que están desesperadas, que sufren dificultades serias en su vida, a la que no le encuentran sentido. Una persona de mi parroquia vino el otro día contento a contarme que por fin había encontrado un trabajo. Estaba feliz por ello, pero triste a la vez, porque estaba muy agradecido por todo lo que le habían ayudado las personas que ahora iba a dejar de ver, ya que el trabajo le llevaba a otra parte de la ciudad. Se puede ser feliz pasando dificultades graves, como las de este buen hombre, pero

---

[2] San Josemaría Escrivá, *Forja*, n. 1005.

cuando se llevan con sentido cristiano, es mucho más fácil lograrlo.

Es lo que podríamos llamar *vida con propósito*. Mira lo que dice este autor, que tiene un libro muy interesante: «A pesar de que mi agenda sigue desbordando actividad, de que mis noches siguen siendo inquietas y que no siempre logro encontrar el tiempo, la paciencia y la empatía necesarias para resonar con las personas que me son más cercanas, hoy mi agenda también transpira propósito. Es en ella evidente la clara intención de ir también tras ideales trascendentes alineados a mi misión y mi proyecto de vida. Este enfoque me ha dado la sensación de que ya no voy atropelladamente por el camino de la vida, bailando al ritmo que esta me toca, sino que hoy —con sus honrosas excepciones— siento que voy en el asiento del piloto, y ya no como pasajero»[3]. Es todo un exponente de la felicidad que todos buscamos para llegar a vivir una *vida con propósito*.

La felicidad natural —haz el bien y evita el mal, vive una *vida con propósito*— es posible, pero ante la dificultad de mantener tan noble ideal, Dios nos ofrece la gracia. Claro que hay personas que pueden ser felices sin la ayuda de la fe, pero esta es maravillosamente valiosa para reforzar los deseos de bien que todo hombre anhela y lograr los objetivos que la conciencia nos propone. Quien

---

[3] Hugo Cuesta, *¿De qué se trata la vida?*, México 2022, Ed. Grijalbo, pág. 43.

busca de modo natural el bien y se aleja del mal en sus obras, es *naturalmente feliz*. No le será fácil alcanzar su propósito, pero todos hemos conocido a personas que lo logran y que son ejemplo para nosotros. La gracia y la ayuda inestimable del camino que Jesús nos propone con las bienaventuranzas serán decisivas para alcanzar la felicidad, que naturalmente todo hombre pretende.

Esas personas que buscan esa felicidad natural acabarán satisfechas de haber alcanzado los fines que se propusieron, que además contribuyeron a vivir con intensidad cada uno de los días de su existencia. *He cumplido mi propósito, he llegado al final*[4].

---

[4] *2 Tm 4, 7-8: He peleado la buena batalla, he acabado la carrera, he guardado la fe. Por lo demás, me está reservada la corona de justicia, la cual me dará el Señor, juez justo, en aquel día; y no solo a mí, sino también a todos los que aman su venida.*

7.

¿Solo son felices aquellos a los que todo les va bien?

Con esta tesis de tinte claramente calvinista, pensaríamos que esas determinaciones exitosas del destino serían la prueba de una cierta predilección divina. Cuando nos van bien las cosas, cuando nuestros sueños se hacen realidad y nuestros proyectos se cumplen, podríamos pensar que esa sería una señal clara de que Dios está con nosotros.

Nada que ver con la realidad. La felicidad no consiste en que todo nos vaya bien. También y *sobre todo* la felicidad aparece en la cruz, en las dificultades, en el dolor y en la contradicción, cuando los sabemos llevar con Dios y por Él. Las contradicciones pueden ser fuente de felicidad y, aunque nos cueste entenderlo, cuando lo conseguimos somos felices también con ellas. Depende por tanto, de la percepción que uno tenga de la realidad: unos ven la cruz como maldición y otros, como lugar de encuentro con Dios. La realidad es la misma, porque no cambia, pero la manera de verla es totalmente distinta. El mismo acontecimiento puede ser vivido como tragedia o como señal de predilección. La misma realidad puede ser concebida como algo negativo o como una oportunidad de unirme más a Dios.

No se trata de autoconvencerse de que lo malo es bueno y un fracaso es un éxito, sino de cambiar las categorías de este mundo por el modo que Dios tiene de entender la realidad, que siempre es el que se ajusta a la verdad misma de las cosas.

Vamos a fijarnos en el maestro de humanidad que es Jesucristo.

8.
¿Fue feliz Jesús?

Por supuesto que sí, como lo fueron los santos e incluso quienes murieron mártires, dando su vida por defender la fe. Es más, podríamos afirmar que no ha habido hombre más feliz sobre la tierra que el propio Jesucristo. Y no tuvo una vida fácil. Sufrió persecuciones, incomprensión, traición de los suyos, indiferencia y desprecio por parte de sus compatriotas; fue flagelado, condenado injustamente y murió colgado de un madero.

Si uno examina estos *datos biográficos* en frío, le parecerá imposible que una persona así haya podido ser feliz. Pero este modo de analizar la vida del Señor sería incompleto. Jesús lleva a cabo una misión que recibe de su Padre cumpliendo su Voluntad; salva a la humanidad del pecado y nos abre las puertas del cielo a todos los hombres de todos los tiempos. Esto cambia la apreciación de los hechos y su análisis es muy distinto.

Se puede decir, por tanto, que el discurso de las bienaventuranzas es en cierto modo autobiográfico: Jesús habla de lo que ha vivido y no de teorías lejanas a la realidad. Y ese es el camino que nos muestra para que seamos felices. El camino de la Cruz, el de la renuncia, el del olvido de nosotros mismos y el de la entrega de nuestra vida, hay que vivirlo para cumplir la misión que nos encomienda el Padre, lo que nos hará plenamente felices.

Con la mentalidad actual no es sencillo comprender esto. Parece que lo que no produce placer no da felicidad. Solo podemos alcanzar ese estado de plenitud, cuando se cumple minuciosamente aquello que hemos deseado y todo lo que no sea conforme a nuestros planes, aquello que cambie lo que teníamos programado, lo que esté fuera de nuestros cálculos, no puede darnos satisfacción alguna.

No hay mayor felicidad que la que Jesús logra con su vida de entrega. Y no hablamos de la postrera felicidad que tendría Jesús en el cielo, al mirar atrás y ver cumplidos los sueños y tareas que el Padre le encomendó. Jesús también fue plenamente feliz *en su vida terrena* buscando cumplir el mandato que recibió de su Padre Dios. Si no fuera así, ¿por qué Jesús atraía a tantas personas? ¿Por qué le siguieron los apóstoles, que estuvieron dispuestos a entregar la vida por Él y por lo que Él les pidió? ¿Por qué a lo largo de los siglos esa misma atracción de la vida de Cristo la experimentamos también tú y yo, ahora mismo y con tanta fuerza?

Como ya dije en otra ocasión, el modelo de humanidad es Jesucristo. «Si te fijas en los relatos que recogen los evangelios, Jesús siempre escucha a su interlocutor, aprecia sus cualidades y sus virtudes, comprende mejor que nadie sus circunstancias y resuelve inmediatamente sus problemas. Así es el Señor y así debemos ser cada uno de nosotros con los demás, en los diferentes ámbitos en los que desarrollamos nuestra personalidad»[1].

Jesús, en el evangelio, primero escucha atentamente el problema que le comentan: «se acaba de morir mi único hijo y soy viuda desde hace poco tiempo», le dice la señora de Naím. «Mi criado se ha puesto enfermo y le tengo un gran aprecio», comenta el centurión en Cafarnaúm: «mi hijo está poseído desde hace mucho por un demonio y no sabemos cómo expulsarlo», le dice un padre angustiado ante el mal que padece su hijo tan querido.

Una vez que el sujeto se ha desahogado con Él, pregunta cómo es su fe, si cree de verdad que Dios le puede curar. Y solo después hace el milagro.

Jesús no regala la felicidad. Quien la persigue debe trabajar para conseguirla, ofreciendo a Dios su dolor, abriéndole su alma y pidiéndole con verdadera fe que se cumpla lo que le pide. La felicidad que perseguimos no podemos reclamarla sin más, sin que nos cueste trabajo,

---

[1] *Op. cit.*, pág. 29.

renuncia, humildad y entrega, porque así no actúa Dios. *El que por mí deja casa, hermanos o hermanas, padre o madre, mujer, hijos o tierras, recibirá cien veces más*[2] en esta vida y además la vida eterna.

Ese *dejar* no es un abandono, una *dejación* de responsabilidades, ni un mirar hacia otro lado. Supone elegir un bien mayor o distinto que nos pide Dios y que, junto con la renuncia a otros bienes, reporta una felicidad todavía más grande. En lo humano —sin la visión cristiana de la existencia—, también sucede. Cuando hacemos algo por los demás, nos sentimos bien. Las personas solidarias son más felices: quien ayuda a otro se siente más realizado, más pleno en su humanidad y, por lo tanto, más feliz. Dios pone valor sobrenatural a lo que humanamente hemos experimentado tantas veces, como indica la propia palabra *sobrenatural*. «La gracia incide en la naturaleza y la perfecciona», dirá Sto. Tomás de Aquino.

Fijarnos en Jesucristo es un buen modo de aprender a ser feliz. Y fíjate que, como Él mismo dijo, *no hay amor más grande, que dar la vida por los amigos*[3] resumiendo en una sola frase lo que encarnó en su propia vida. ¡Esta sí que es la verdadera receta para conseguir la felicidad!

---

[2] *Mt* 19, 23-30.
[3] *Jn* 15, 13.

Fijarnos en Jesús, que es modelo de humanidad y por tanto también de felicidad plena, hará mucho bien a nuestra vida. No hace falta buscar otros modelos, cuando tenemos el del Maestro, que enseña con su propia vida cómo podemos ser también nosotros felices. Y ¿qué me dices de los santos?

9.
La felicidad de los santos

Los santos, ejemplos sin duda más cercanos todavía a nosotros, fueron felices mientras vivieron en la tierra y lo son ahora en el cielo. Su ejemplo nos sirve y nos ayuda, para que, siguiendo sus huellas, recorriendo el camino de su vida con la misma generosidad, también nosotros tengamos la esperanza de que podremos alcanzarla algún día.

Buscar la santidad debe ser nuestro objetivo prioritario, poniendo toda nuestra vida al servicio de esa meta. Ser santo no consiste en acumular actos de piedad y obras buenas, como si recibiéramos puntos, a modo de *check list,* por cada uno de esos hitos logrados. Me acuerdo de que, cuando era pequeño, había una cadena de supermercados —que sigue existiendo todavía—, que daban unos sellos por cada compra que hacías, con los que, pegándolos con paciencia, se iba rellenando un cuaderno. Al terminarlo te daban un regalo. Eso no es la santidad. La santidad es crecimiento en el amor, que nos lleva a amar cada día más a Dios, sobre todo en los demás, porque la caridad es la virtud que informa a todas las demás. Al amar más cada día, somos más felices cuanto más amemos, porque nos sentimos amados por Dios, que es la fuente del amor, el Amor mismo.

Tampoco podemos reducir la santidad a la constancia en el buen obrar, sino que hemos de crecer en el bien y no mantenernos simplemente en el camino por donde nos llevan nuestras buenas obras. O se crece o se decae. Es como cuando uno va en bicicleta: o das a los pedales y te mueves o te paras y te caes. Esto no significa que haya que estar continuamente haciendo cosas para alcanzarla, sino que en todo lo que llevemos a cabo pongamos el amor de Dios.

Aunque otras personas nos acompañen, nos orienten y aconsejen en nuestro camino hacia el cielo, la responsabilidad siempre será personal. Nadie puede dejar en manos de otro una tarea tan esencial como esta. Nos jugamos la vida feliz en este mundo y la eterna, y no podemos inhibirnos en tan trascendental empeño. Nos aconsejan cómo avanzar mejor, pero a quien le toca caminar es a cada uno de nosotros.

La felicidad no se compra ni se adquiere en un libre mercado, sino que se consigue cada día, en los buenos y en los malos momentos, siguiendo ese camino que a través de nuestra conciencia nos va marcando el Señor.

Este elemento que acabo de citar, la conciencia, es impresionante porque nos ayuda a valorar lo que cada uno ha recibido de Dios y a ver cómo lo estamos haciendo rendir. Se trata de un juicio que elaboramos sobre nuestros actos y que dirige todo nuestro obrar, buscando hacer el bien. Hemos de cuidar la conciencia y no tratar de acallarla cuando nos hace ver que no vamos bien, o que la elección que hicimos no está de acuerdo con lo que nos dicta. Formar la conciencia, para que nos ayude cada vez más y nos sirva para avanzar en el camino que Dios nos ha marcado.

Alcanzamos una vida plena cuando procuramos vivir de acuerdo con nuestra conciencia, con fidelidad a nuestras creencias y principios. Es lo que llamamos en términos humanos coherencia. Una persona coherente se marca unos límites, que se propone no rebasar ni obrar en su contra. Suponen limitaciones, claro está, e impiden llevar a cabo actos que libremente se podrían realizar, pero que no se quieren hacer para mantener la coherencia de vida que se desea. Otras veces la conciencia le llevará a actuar sin ganas, haciendo cosas que no le apetecen, pero que forman parte de esa integridad para obrar de una determinada manera.

Una madre que tiene que cambiar sus planes porque se ha puesto enfermo su hijo. No le apetece quedarse en casa para cuidarle, pero no le queda más remedio si quiere llevar la vida plena de una madre. Le hará feliz, aunque le cueste.

Las limitaciones no suponen falta de libertad, sino que son el fruto que acompaña a algunas elecciones libres. A veces pensamos que ser libre es hacer en todo momento lo que a uno le apetece, lo que le pide el cuerpo, y no es así. Ser libre es obrar con coherencia, siguiendo los dictados de la razón, que, a través de la conciencia, nos va señalando dónde está el bien. Por eso la conciencia, el GPS que marca el rumbo de nuestra vida, hay que cuidarla y no acallarla realizando actos contrarios a ella, porque es un elemento sensible y esencial para vivir una vida plena y feliz.

10.
Qué sucede cuando no somos felices

Vivimos amargados. Una persona que no es feliz no solo no está a gusto consigo misma y con la vida que le ha tocado vivir, sino que a su alrededor esparce la infelicidad en la que vive, provocando que los demás tampoco estén contentos. Es un mal que se difunde como la pólvora y que contagia el ambiente en el que uno se desenvuelve, impregnándolo de tristeza e insatisfacción. Un infeliz hace infelices a los demás, a su familia, a sus amigos, a quienes le tratan. Personas amargadas a las que ahora denominamos *tóxicas*, que contaminan a los otros y solo dejan un rastro de tristeza a su paso.

Una persona que no es feliz todo lo ve negro. Es incapaz de mostrar optimismo por nada. Esto puede ser fruto de una enfermedad, a la que se puede poner remedio. El *cenizo*, en cambio, es quien nunca se fija en los aspectos positivos de los acontecimientos o en las virtudes de los demás, porque solo ve defectos; todo siempre puede ir a peor y no es capaz de ver las luces que pueden aparecer al final del túnel en el que se ha convertido su vida.

El infeliz, aunque contagie su mal a los que tiene alrededor, se aísla: «¿Quién va a ser capaz de ayudarme?». Se desespera: «¡esto no tiene remedio!». Y se entristece porque ve a otros que son felices y viven con esa alegría que él no tiene, pensando además en la injusticia que supone «que otros lo sean y él no». Se podría decir que cada vez es más infeliz. No acepta consejos, piensa que los demás no le entienden y no le pueden ayudar y se va hundiendo poco a poco en ese pozo del que no sabe cómo salir. La fe, en esos momentos de oscuridad, es un recurso al que se puede acudir y que puede ayudar mucho.

Muchos buscan la felicidad en lugares que solo dan tristeza y angustia, como el sexo, la droga o el alcohol, que hacen que uno sea todavía más infeliz y además provocan adicción. Por un momento, quizá pueda olvidar su estado de tristeza, pero en cuanto recupere el dominio de sí, la infelicidad y el vacío que se siente será todavía más profundo.

El panorama que describo reconozco que es negativo y tenebroso, pero más frecuente de lo que pensamos. Con cuántas personas nos encontramos en la vida que han tirado la toalla en la búsqueda de la felicidad, la ven como un ideal inalcanzable. Ya no se trata de que no sean capaces de tocarla con la punta de los dedos, sino que llegan a convencerse de que no existe y piensan que están sumidos en un gran engaño, que algún día les tocará desenmascarar, porque piensan que nadie puede ser feliz.

Los que parecen haberla conseguido «ya se caerán del guindo». En el fondo, añoran algo que tuvieron en algún momento de su vida y que no se sabe muy bien por qué razón perdieron y no son capaces de recuperar. El camino que recorren no es la mejor senda y debemos ayudarles a salir del atolladero en el que se encuentran, porque ellos por sí solos no son capaces.

¿Estás triste? ¡Reza![1], dice la Escritura. Tantos santos que nos han dado consejos similares a los del apóstol Santiago, nos lo recuerdan. San Josemaría: «Nunca te desanimes si eres apóstol. —No hay contradicción que no puedas superar. —¿Por qué estás triste?»[2]. San Pío de Pietrelcina: «Cuando estés triste, reza un Ave María y pídele a la Virgen que convierta en gozo los dolores de tú vida». Santa Teresa de Calcuta: «Hay una sola tristeza, la tristeza de no haber amado». San Rafael Arnaiz: «La vida no es triste si se posee a Dios». San Manuel González: «Corazón de mi Jesús, que yo no te ofenda nunca y, si te ofendo, que me arrepienta enseguida. No estés nunca triste conmigo». San Juan Pablo II: «No seas como el joven rico que se quedó con sus riquezas y su tristeza».

Y podríamos seguir, porque no ha habido santo que no haya dejado algo escrito sobre este triste estado del ser humano. Todo esto nos da a entender la importancia de la alegría en la vida cristiana. Un santo no puede estar

---

[1] *St* 5, 13.

[2] San Josemaría Escrivá, *Camino*, n. 660.

nunca triste y, si lo está, procurará recuperar enseguida la alegría para acercarse a Dios.

Si de modo habitual te ves envuelto en un clima de falta de alegría, de cierta tristeza que te embarga, acude a alguien que te pueda ayudar a recuperarla. Puede ser un acompañante en el camino, un amigo o a veces un médico que te ayude a quitar ese obstáculo que te impide ser feliz, aunque te lo hayas propuesto muchas veces.

11.

Fe y felicidad ¿son compatibles?

Hay gente que piensa que las personas que viven cerca de Dios lo hacen porque no son felices. Ven la religión como un consuelo, cuando no como la causa de su infelicidad. Es un sinsentido, porque atribuyen a Dios su infelicidad, llegando a pensar que quien a Él se acerca nunca conseguirá ser feliz. Son los paganos más radicales, anticristianos militantes, que en algunos casos han apostatado de la fe, la han perseguido o no la tuvieron nunca.

En esta visión tiene mucho que ver el *bellaco*, como llamaba el santo Cura de Ars al diablo. «Cuanto más se aleje la gente de Dios, más infeliz será y podré dominarlos porque estarán bajo mi tutela», parece pensar el diablo que, en palabras de C. S. Lewis, enseña a su sobrino a ser un buen profesional de la *diablez*[1].

Esto se manifiesta también en que muchas personas buscan una vida lo más alejada de Dios que sea posible,

---

[1] Cfr. C. S. Lewis, *Cartas del diablo a su sobrino*, Ed. Rialp, 1993.

viviendo de espaldas a Él, para evitar problemas, viviendo como si Dios no existiera o fuera un invento de nuestra imaginación.

Como dice el Catecismo, «el agnosticismo reviste varias formas. En ciertos casos, el agnóstico se resiste a negar a Dios; al contrario, postula la existencia de un ser trascendente que no podría revelarse y del que nadie podría decir nada. En otros casos, el agnóstico no se pronuncia sobre la existencia de Dios, manifestando que es imposible probarla e incluso afirmarla o negarla»[2]. No es capaz de negar a Dios, puesto que lo reconoce necesario, pero ante la imposibilidad de demostrar su existencia, prefiere pasar la vida como si no existiera, en una ficción, por tanto. Y es que la vida sin Dios no deja de ser un engaño, porque más tarde o más temprano uno acaba topándose de bruces con la Divinidad creadora. «Dios, que te creó sin ti, no te salvará sin ti», dirá san Agustín.

Vivir sin Dios supone estar abocado a la ausencia de felicidad en esta vida, pues sabiendo que es Él quien la *reparte*, le damos la espalda y no le pedimos que nos la dé. ¡Cuánta gente vive de esta manera, de espaldas a Dios! Es un mal de nuestro tiempo, como lo es la búsqueda de la felicidad en sitios donde nunca la podrán encontrar.

---

[2] *Catecismo de la Iglesia Católica*, n. 2127.

Quitar a Dios de nuestra vida nunca es un buen negocio, porque Él es el dueño de la existencia que nos ha regalado y nos mantiene en ella. En los momentos de bonanza, cuando hay riqueza y el mundo más o menos funciona, porque nos van bien las cosas, no acudimos a Dios y nos alejamos de Él. Cuando truena, santa Bárbara se convierte en intercesora segura y frecuente de nuestros ruegos, porque nos asustamos ante el abismo de la vaciedad de nuestra vida.

En cambio, no solo no hay incompatibilidad entre felicidad y Dios, sino que su Autor, solo busca la nuestra, quiere que la alcancemos en plenitud y que la podamos disfrutar por toda la eternidad. Es el Amor lo que define al Creador y el amor por nosotros, por cada uno.

12.

Generoso, alegre, confiado, desprendido, piadoso: prototipo de persona feliz

Seguro que se podrían añadir muchos más calificativos y condiciones de la persona feliz y se te ocurrirían muchos más. Veamos con detenimiento cada una de estas actitudes.

Una persona que busca ser feliz no puede no ser generosa. El egoísmo es la fuente de la infelicidad por excelencia. Buscar lo pequeñito, mi propio bien, olvidándose de todos los bienes que lleva consigo el amor al prójimo y el cuidado de los demás, ahoga la felicidad en una charca, donde el pajarito bebe unos pocos sorbos para satisfacer su sed en esa agua sucia y estancada, pero no abreva en la cascada de aguas cristalinas y frescas de la verdadera fuente de la felicidad.

La generosidad no es un talante, un sentimiento que nos acompaña el día que nos levantamos con el pie derecho, sino que es el fruto de muchos pequeños actos de entrega de uno mismo, de sacrificios que gustosamente hacemos por los demás, de vencimientos sobre nuestra debilidad, a veces costosos, pero que producen la satisfacción del bien logrado y del esfuerzo que nos ha costado conseguirlo.

Después del pecado original, tenemos una tendencia casi natural al egoísmo, a pensar en lo nuestro y a satisfacer primero nuestros propios caprichos, antes que las necesidades de los demás. Violentar ese hábito y dirigir nuestra conducta hacia el bien mayor supone constancia en la virtud o, lo que es lo mismo, la repetición de actos que genera el hábito y facilidad para hacer el bien.

La persona generosa, o que busca serlo, está más contenta. Es una alegría que impregna el ambiente en el que vive, y que notan aquellos con los que se relaciona. Mejoraría la vida política, el trato con los compañeros de trabajo, el ambiente familiar, las relaciones humanas en general, si todos intentáramos desterrar el egoísmo en los actos concretos de cada día.

Pueden parecer palabras algo huecas, pero tienen muchas repercusiones prácticas, más de las que imaginamos. Levantarse puntual, para no retrasar a los demás; hacer los pequeños servicios domésticos matutinos; saludar con cariño y sin prisas a las personas con las que me encuentro; sonreír a los compañeros en el trabajo y hacer este con perfección, pensando que facilita el de los demás; agradecer lo que hacen por mí y evitar quejarme de lo que no me gusta; no manifestar cansancio al final del día y atender a todos con ánimo optimista y sereno; no mostrar precipitación al escuchar a los demás, como la de quien se quiere quitar el problema; atender a Dios y acercarse a la fuente de la felicidad, para poder contarle nuestras luchas y ofrecerle nuestras victorias y fracasos... Son algunos modos de concretar esa generosidad que provoca la alegría del cristiano.

Confiar en Dios y vivir desprendido no solo de las cosas materiales, que tienen fecha de caducidad, sino de nosotros mismos, de nuestros propios modos de pensar, de nuestros juicios y criterios, que nos hacen enfrentarnos a los demás o intentar quedar por encima de ellos.

La piedad de quien busca ser feliz se reviste del agradecimiento constante por lo que recibe sin merecerlo. Busca amar y abrazarse a la voluntad divina, aunque a veces sea costosa de cumplir: si Él que me quiere tanto y quiere mi felicidad permite esto o aquello, yo lo tengo que amar también, aunque no lo entienda.

Quien razona así, no es un ignorante o una persona que tiene la mente cerrada y no quiere darse cuenta de lo que le pasa, sino alguien que busca el bien, como la planta busca el agua, e intenta descubrir el lado bueno, la parte de bien, que está presente en todo lo que le ocurre.

13.

No se consigue ser feliz a base de puños

La tenacidad es una virtud encomiable y necesaria para afrontar las dificultades de la vida misma. Cuando uno busca controlar todo y tener amarrado hasta el último detalle de su existencia, la fuerza de voluntad se puede volver contra nosotros, porque acabamos pecando de un exceso de control y de cierto voluntarismo, pensando que lo que no hagamos nosotros no lo va a hacer nadie.

Esta actitud de hacer las cosas por uno mismo contando solo con las propias fuerzas, aplicada a la vida espiritual, enturbia el panorama, porque hace depender la felicidad exclusivamente de lo que nosotros seamos capaces de conseguir, de la suerte que tengamos y del esfuerzo que pongamos en cada una de las metas que nos vayamos proponiendo.

En mi parroquia hay una persona que pide los domingos a la puerta de la iglesia, pero que suele entrar antes a rezar un rato y, por supuesto, asiste a la santa misa. Cuando termina, si su *colecta particular* ha sido escasa, viene a contármelo para que le complete con una pequeña ayuda, pero no siempre. El otro día, me dijo que no hacía falta porque un feligrés le había dado una aportación generosa. «Este es mi trabajo: qué más quisiera yo que tener otro, pero no lo tengo, así que habrá que hacerlo bien, todo lo mejor que pueda. Hay que confiar en la Providencia», me decía.

Nosotros no hemos buscado estar en este mundo. De repente aparecimos en él, como fruto del amor de nuestros padres y demostración del amor de Dios, que nos ha querido en la existencia. No somos un producto del azar y podemos elegir nuestro destino final, al que Dios nos convoca, que no es otro que el de la eternidad. Confiamos en su misericordia y en la acción de la gracia con la que el Señor nos ayuda, también en ese momento final.

Dios, por tanto, actúa en nuestra vida y nos ofrece su ejemplo y su ayuda para ir con dignidad por el camino que Él nos señala, pero somos nosotros, con nuestras elecciones libres, quienes lo recorremos. Esa ayuda espiritual, a la que llamamos gracia, junto con el hecho de mantenernos en la existencia —la vida que Dios nos da es regalada—, nos hace ver con claridad que la felicidad que buscamos nos la da Dios mismo, que es quien más la desea para cada uno de nosotros.

Pensar que somos capaces por nuestras solas fuerzas de alcanzar la felicidad no es correcto. El Señor nos indicó el camino de las bienaventuranzas, como una manera de ayudarnos a buscar esa felicidad. Esto, podríamos pensar que es injusto, porque los que no tienen fe no podrán ser felices, al no contar con la ayuda de la gracia, que se recibe principalmente con los sacramentos. Y no es así, porque Dios, igual que otorgó la felicidad preternatural a nuestros primeros padres —felicidad que ellos tiraron por la borda al pretender ser como Dios—, también otorga esa felicidad, que podríamos denominar natural, a todos aquellos que buscan hacer el bien y evitar el mal en su vida, viviendo conforme a la ley natural inscrita en nuestros corazones.

¡Cuántas veces nos encontramos en la vida con personas sin fe, que nos dan cien mil vueltas en casi todo y que son más felices que muchos cristianos, porque viven de esa manera! Dios, como buen Padre, cuida de todas las criaturas y a cada uno le ayuda a descubrir el camino del bien de maneras diferentes. Qué duda cabe que la fe es garantía de la presencia divina y nos da la seguridad de saber que vamos por el mismo camino que Jesús ya ha recorrido.

14.
Qué hace falta para ser feliz

Ya hemos visto que la entrega forma parte de ese cóctel: renuncia a uno mismo, generosidad para dar lo nuestro, poner en práctica todas nuestras cualidades y virtudes para servir a Dios y a los demás con ellas.

He de reconocer que me hace mucha gracia ver esos vídeos breves de gente bailando al ritmo de una música repetitiva y envolvente, que se contornean sin orden ni sistemática —que es lo propio de un baile estandarizado, podríamos decir— y que están en búsqueda de una felicidad que no encuentran en la vida normal y por eso acuden a ese tipo de *retiros* alternativos, como ellos los llaman; son los que en otros tiempos llamaríamos *hippies*. Utilizan el cuerpo para potenciar la parte espiritual, basándose en tradiciones hinduistas y budistas.

Otros, que se autodenominan *coaches*, asesoran a quien se lo pida, para ayudarles a encontrar la plenitud en su vida. Es muy curioso, porque muchos animan a romper con su vida actual y buscar nuevas formas de vida alternativas, que nada tienen que ver con su propia historia. Digo yo que el pasado, además de experiencia, forma parte del camino recorrido y marca el que nos falta por recorrer: da pistas. Romper de manera absoluta con lo vivido hasta ese momento, con un cambio radical, es al menos sospechoso, porque *si te la das*, el golpe puede ser mayor. El pasado siempre es una riqueza, aunque sea malo, porque nos da experiencia de lo que no debemos volver a hacer. Las personas tienen continuidad en su historia y me parece mucho mejor pensar que todo es providencia de Dios, que permite también que nos equivoquemos, para rectificar, pedir perdón y aprender de nuestros errores. Esos cambios tan bruscos de estilo de vida, dejando a un lado todo lo vivido como si no hubiera existido, no pueden ser buenos. No me fío mucho de esas técnicas.

En todo caso, está claro que muchos son los que buscan la felicidad, pero no todos la alcanzan. Y a veces lo intentan por caminos muy diversos y complejos. El camino de las bienaventuranzas me parece mucho más sencillo y, cuando uno tiene el don de la fe, saber que el éxito está asegurado por el mismo Hijo de Dios hecho hombre que lo recorrió primero, nos ofrece todas las garantías posibles.

En ese camino, se nos ofrecen algunas pistas: ser pobre y estar desprendido de la visión terrena y mundana de la vida; ofrecer la pena y el dolor al Señor, para que nos purifique con ellos; ser manso y humilde de corazón, para saber acercar a Dios a los demás con esa serenidad y confianza en la Providencia; buscar la justicia y la perfección en el bien, confiando en la misericordia divina, siendo tú misericordioso con los demás, al saberte lleno de defectos y no merecedor del perdón de Dios tantas veces; buscar tener la limpieza de corazón para ver a los demás como objeto del amor de Dios y, por tanto, de tu amor por ellos; tener y buscar esa paz de los hijos de Dios, perdonando a los que te persiguen y ofreciendo a Dios todas las contradicciones.

Renunciar, en definitiva, a buscar la propia y exclusiva felicidad del egoísta, para darse a los demás, poniendo todas nuestras cualidades a su servicio. No hace falta indagar nada más. Esto es lo más auténtico.

15.
Los sucedáneos

Pero vemos que mucha gente no encuentra la felicidad a pesar de buscarla afanosamente. Los charcos en los que tratan de saciar la sed de la felicidad que anhelan, no son buenos y producen una angustia mayor.

En ocasiones se intenta colmar ese anhelo con sucedáneos que, como mucho, llenan parcialmente ese deseo. Mucha gente, por ejemplo, cuando ha fracasado en su matrimonio o en su relación familiar, busca otro, sin haberse preguntado antes por la causa de su fiasco, ni haber hecho balance de su situación actual.

Como dice Hugo Cuesta, «una opción más, lamentablemente popular, aunque gravemente nociva, es la separación o el divorcio. Aunque esta es una tentación frecuente, esta puerta sigue siendo un error en sí mismo porque en lugar de reconocer que quien en realidad debe afrontar y resolver los problemas es uno mismo, se sigue pensando que el origen de sus males es el prójimo. He visto a muchas personas que ante sus crisis optan por buscar una aventura, con una mujer o con un hombre "de un modelo más reciente". Lo que he visto, en la mayoría de los casos, es que con esas aventuras ocurre como con los viajes al extranjero: al principio cautivan, pero luego aburren. Y muchas veces, cuando estas relaciones se hacen permanentes, es cuestión de tiempo para que descubran los defectos que ese "modelo más reciente" trae consigo y es entonces cuando los aventureros empiezan a darse cuenta de que muchos de los defectos y dificultades que enfrentaban en su matrimonio los acompañan también ahora en su nueva relación; y, sobre todo, que pudieron haber rescatado su matrimonio porque esas dificultades ¡eran superables!»[1].

Se tiran por el precipicio, «liándose la manta a la cabeza», pensando que de ese modo todo va a ir bien y se van a solucionar los problemas que les agobian. No está para nada asegurado que no vuelvan a fracasar, si no se han puesto las soluciones a los problemas de fondo.

Tratar como un sucedáneo algo tan importante, como puede ser la unión de dos personas que se presume para toda la vida, quizá sea una frivolidad, porque no es posible huir hacia adelante sin fijarse en el rumbo que se ha seguido, en los aciertos y fracasos de lo vivido, en el daño que esa ruptura puede provocar. Si no se tiene todo esto en cuenta, lo normal será que ese barco vuelva a encallar o vaya de nuevo a la deriva, sin rumbo, provocando naufragios en la vida de los demás.

---

[1] Hugo Cuesta, *¿De qué se trata la vida?*, México 2022, Ed. Grijalbo, pág. 91.

Sucedáneo a la soledad es el animal de compañía, que claro que la hace y contribuye a sentirse acompañado, pero que nunca llega a llenar ese hueco como lo haría una persona humana. Cambiar hijos por perros —ya se habla de *perrijos*— no es solución para la soledad, porque no son equiparables. Habría que añadir que lo que mueve a un matrimonio a tener hijos no es para no sentirse solos el día de mañana, sino para compartir con generosidad una vida agradecida que se quiere cuidar y transmitir.

Podríamos hablar de otros *placebos* como las compras, los videojuegos, los maratones interminables de series, el sexo, el deporte que raya la vigorexia, las redes sociales, el trabajo sin freno... y otros muchos modos que tenemos para esconder nuestras carencias con remedios que no solucionan de verdad el problema.

Quizá uno de los más frecuentes y pobres sucedáneos sea el del sexo. Parece que es el clavo ardiendo al que muchos quieren aferrarse: sin sexo desbocado no hay felicidad. Caen como las moscas en las pescaderías, con estos aparatos cada vez más sofisticados en los que esos molestos insectos entran, pero ya no pueden salir. El gusto fácil, carnal, la satisfacción barata y simplona se convierte en el objeto más buscado por muchos para encontrar la felicidad. Se meten en un laberinto del que luego no son capaces de salir hasta que la propia fisiología, la enfermedad o el estrago psicológico que les deja los convence. Sus vidas se vacían en un sexo sin sentido, en un placer egoísta o, a lo sumo, compartido pero que no es el verdadero amor, por mucho adorno sentimental que se ponga.

Adicción que enreda la mente y que, por más que se niegue, existe en la vida de muchos; sentimientos de insatisfacción que siguen al placer burdo y barato del sexo sin amor, que empobrece la mente y el corazón. Alardeo de brutalidad animalesca que no es delicada ni respetuosa con el otro o con la otra y que con la misma rapidez con que enciende la pasión la apaga de un soplo, dejando el corazón vacío y roto.

¿Acaso es malo el sexo? ¡Cómo lo va a ser, si es querido por Dios! Lo que es malo es utilizar mal algo bueno. Usar la sartén para clavar clavos; revolver un guiso con un martillo o hacer una zanja en la pared con un plato hondo.

En el fondo, la solución que se pretende dar con este tipo de sucedáneos no puede ser definitiva ni la adecuada, porque ha faltado examen, autoevaluación y autocrítica. Nos da miedo hacer balances, no vaya a ser que encontremos alguna falla o defecto que no nos guste. Debemos buscar una felicidad eficaz, eficiente y efectiva, por decirlo de un modo rotundo, que, sin mirar en nuestro interior, es casi imposible de conseguir.

A grandes males, grandes remedios y a males pequeños, remedios pequeños. No pasa nada, porque todo tie-

ne solución y es muy bueno ser feliz con las cosas sencillas o rectificando lo que hemos hecho mal. Es más: ¡es
necesario hacerlo! Hay que perder el miedo a descubrir
lo que no va y los motivos; ya verás qué fácil resulta encontrar soluciones. La humildad está en la base de ese
cambio que queremos dar: el reconocimiento de lo que
hemos hecho mal y queremos rectificar.

La belleza de las cosas sencillas; saborear lo que vivimos cada día; valorar lo que Dios nos da y la vida nos
ofrece; disfrutar esos pequeños momentos de la vida con
los demás, de su generosidad para con nosotros, de sus
detalles de cariño, sin acostumbrarnos. Esa es la auténtica felicidad que se saborea y se vive en el día a día, sin
esperar momentos estelares, que no tienen por qué llegar, pero que, si llegan, los disfrutamos también.

16.

Cómo hacer que la felicidad perdure

Porque también puede ser efímera y desaparecer muy pronto, cuando parece que por fin se ha conseguido. Se escurre como el agua que cogemos con las manos y se desliza entre los dedos sin que se pueda retener. Nos da rabia, porque parece una meta que nunca llegamos a alcanzar y que, cuando parece que está cerca, vuelve a alejarse.

Algunos dicen que no interesa buscar nunca una felicidad plena porque no existe y que lo que podemos hacer es conformarnos con la que nos toca. En parte, no les falta razón, porque felices en este mundo imperfecto es imposible serlo en plenitud. Pero tampoco se trata de vivir en un estado que podríamos llamar de infelicidad permanente, de grises perpetuos, tonos pastel, sabores aguados, con los que no queda más remedio que conformarse, aun sabiendo que no son en realidad estados de plena felicidad.

Volvemos a lo dicho una y otra vez, que va en la línea de lo que el camino de las bienaventuranzas nos enseña: la felicidad está unida a la entrega. A más entrega, mayor será la felicidad y plenitud de vida que experimentemos. Pero ¿se disfruta con la entrega? ¿Puede haber satisfacción en algo que se da y no se retiene? ¿Se puede ser feliz viviendo hacia fuera?

En el capítulo siguiente hablaremos del dolor como fuente de felicidad, que es la contradicción que formulan todas las bienaventuranzas: los perseguidos, los que lloran, los que pasan hambre, quienes tienen sed..., encuentran la felicidad.

¡Esta es la enseñanza fundamental de la vida en Cristo! ¡Solo la entrega es fuente de felicidad! El egoísmo, por el contrario, disfrutar uno mismo de los bienes que se poseen y no compartirlos, produce una felicidad efímera, que no dura ni llena y deja vacía el alma. Feliz no es quien recibe, sino quien da.

¿Quieres que tu felicidad sea permanente? ¡Vive siempre entregado! ¿Quieres que tu matrimonio sea un éxito? ¡Olvídate de ti mismo y vive para el otro! ¿Quieres que tu trabajo te realice plenamente? ¡Trabaja para servir a los demás!

¡Qué lejos estamos de estos planteamientos de Cristo! Nuestra sociedad parece decirnos continuamente lo contrario y engañarnos con los reclamos publicitarios, de que comprando tal o cual objeto, consiguiendo esto o aquello o viviendo de una determinada manera, vamos a alcanzar una felicidad que no desaparecerá jamás y que te mereces, como se suele decir en los anuncios. ¡Y todo es mentira! Para que la felicidad sea *duradera,* no hay más receta que una entrega *duradera.* Vivir olvidado de mí y entregado a Dios y al prójimo. Y lo sabes, porque lo has comprobado muchas veces en tu propia vida. Basta con recordar los momentos en los que hemos sido más felices, las etapas de nuestra vida que recordamos con agrado: suelen coincidir con esos momentos de entrega. ¿Por qué entonces nos olvidamos con tanta facilidad?

17.

¿Se puede ser feliz con el dolor?

La llegada del dolor casi siempre, y sobre todo cuando llega sin avisar, nos hace infelices. Lo entendemos como un fruto de la mala suerte o incluso de la maldición divina. Además, esto por lo general nos pasa después de un periodo en que pensábamos haberla logrado. Una vez que lo asumimos y lo meditamos con serenidad —bienaventurados los mansos—, percibimos todas sus bondades y la felicidad que comporta.

El planteamiento de las bienaventuranzas que muchos cristianos desconocen es justo el contrario. En la enfermedad, por ejemplo, estamos contentos cuando damos sentido al sufrimiento. No hay entonces nada que nos haga perder la alegría conquistada con tantos años de entrega. Es verdad que nuestra condición humana, quebradiza y débil, hace que nos tambaleemos en lo que deberían ser nuestros principios. Si uno se pone enfermo, no da saltos de alegría; cuando nos echan del trabajo o nos sale mal un negocio, por lo general, no damos gracias a Dios por habernos arruinado, sino que maldecimos nuestra suerte. Un enfado en la familia o una discusión matrimonial no nos lleva a tirar cohetes: «¡por fin discuto con mi esposo!, ya tenía yo ganas...». No. Pero si hiciéramos el esfuerzo de valorar todo lo bueno que se esconde en cada acontecimiento o situación por la que pasa nuestra vida, seguramente descubriríamos muchos motivos para dar gracias por el dolor y por la contradicción que las acompañaron.

Maduramos con el dolor. Nos unimos más a los que lo padecen con nosotros. Sopesamos de manera diferente los acontecimientos de nuestra vida. Damos más valor a lo trascendente y menos a lo efímero. Todo esto no son consuelos que no tenemos más remedio que aplicar, sino verdades como puños que nos llevarán a buscar la felicidad auténtica y a no conformarnos con el sucedáneo.

Si aceptamos el dolor, valoraremos más los bienes conseguidos y seremos más agradecidos por ellos. Miraremos también a nuestro alrededor para descubrir y agradecer el apoyo de los amigos cuando llega la contradicción.

El dolor es también una escuela de amor. Quienes padecen la cruz aprenden a amar de verdad, sin esperar nada a cambio, recibiendo ese ciento por uno del que nos habla el evangelio[1].

Yo estoy muy agradecido por ser capellán de un hospital, *templo del dolor*, como lo llama uno de los sacerdotes que trabaja conmigo. ¡Cuánto se aprende! Los enfermos y sus familias, las enfermeras, los médicos y el personal sanitario en general tratan de convivir lo mejor que pueden con él, pero a veces se hace duro ver que el sufrimiento campa a sus anchas por los pasillos del hospital. Cómo se nota cuando una persona tiene fe y sabe afrontar la enfermedad con esperanza, dando sentido al dolor que le une más a Jesucristo. No hay tristeza, sino alegría que alivia el sufrimiento. El consuelo de llevar el Señor a esos enfermos, o de administrarles un sacramento, la presencia de Jesús, en definitiva, es motivo de gozo y agradecimiento. Me acuerdo de un médico, de prestigio, que ingresó con un problema muy serio de corazón. Estaba muy débil. Cuando le visitábamos, salíamos removidos por la alegría y la piedad con que recibía la comunión. Los últimos días de su vida, no quiso recibir medicamentos fuertes para no perder la consciencia, que quería mantener para ofrecer a Dios la debilidad que le estaba causando la cercanía de la muerte. Estoy convencido de que desde el cielo se acordará de ti, que lees ahora estas líneas y re-

---

[1] Cfr. *Mt* 19, 29.

zará por ti, como lo hacía por tantas personas a las que ayudó con su buen hacer profesional.

Claro que podemos ser felices con el dolor y muy felices, como lo fue Jesús en la Cruz. También Él quiso pasar por momentos de duda y desconcierto, como en su oración en el Huerto de los Olivos: *Padre, si es posible, que pase de mí este cáliz, pero* —enseguida— *no se haga mi voluntad, sino la tuya*[2].

C. S. Lewis analiza la naturaleza del sufrimiento en su libro *El problema del dolor*[3], que serviría como línea argumental para la película *Tierras de Penumbra*, que en parte es autobiográfica. Todos recordaremos a Anthony Hopkins representando al insigne profesor de Oxford. En una de sus conferencias, Lewis, al comentar el accidente de autobús sucedido en Chatham en el que murieron atropellados varios jóvenes cadetes de la Marina Real, se pregunta: «¿Dónde estaba Dios esa noche de diciembre? ¿Por qué no lo detuvo? ¿No se supone que Dios es bueno? ¿No se supone que Él nos ama? ¿Dios quiere que suframos? ¿Y si la respuesta a esa pregunta es "sí"? No estoy seguro de que Dios particularmente quiera que vivamos cómodos. Creo que Él quiere que podamos amar y ser amados. Quiere que crezcamos. Yo sugiero que es precisamente porque Dios nos ama que nos da el don del sufrimiento. Para

---

[2] *Lc* 22, 42.

[3] Cfr. C. S. Lewis, *El problema del dolor*, Ed. Rialp, 1994.

decirlo de otra manera, el dolor es el magnífico megáfono de Dios para despertar a un mundo sordo. Verán, somos como bloques de piedra de los cuales el escultor talla las formas de los hombres. Los golpes de su cincel, que tanto nos duelen, son los que nos hacen perfectos»[4].

---

[4] Cita tomada del libro de Hugo Cuesta, *De qué se trata la vida*, México 2022, Ed. Grijalbo, págs. 74-75.

18.
Medjugorje y la felicidad

Hace poco estuve en Medjugorje. Para los que no estén familiarizados con ese lugar, les contaré que se trata de un pequeño pueblecito de Bosnia Herzegovina donde se cree que la Virgen se aparece a seis videntes desde hace 44 años —la primera vez ocurrió poco después del atentado que sufrió san Juan Pablo II en la Plaza de San Pedro—. Tengo que confesar que volví de ese lugar profundamente impresionado.

Tenía la curiosidad de saber qué sucedía allí, no solo por el hecho de que es un sitio donde, según el sentir de muchos, se sigue apareciendo la Virgen, sino también porque las personas que van allí vuelven convertidas. ¿Por qué se convierte tanta gente y, cuando vuelven, hablan maravillas de ese lejano lugar?

La verdad es que desconozco las razones o, mejor dicho, no he encontrado más motivación para la paz que allí se respira, que la presencia de la Virgen. Las apariciones no son quizá lo más importante, ni la razón principal de lo que allí ocurre. Lo que más llama la atención es lo bien que se reza allí y cómo, cuando abres tu corazón, descubres muchas cosas sobre tu propia relación con Dios y con su Madre Santísima, que hasta ese momento desconocías. En todos los mensajes que da la Virgen a las personas que la ven, el tono es profundamente maternal y cariñoso. La Virgen nos quiere a cada uno y singularmente, pues se preocupa, como madre buena, de cada uno en particular. Ese es para mí el gran descubrimiento que hice en Medjugorje. ¡Dios me quiere de verdad!

Se puede pensar que esta afirmación es simplona y hasta cierto punto algo vulgar y que, para eso, no hace falta ir a un sitio tan lejano como aquel, tres horas de vuelo y otras tres de viaje en autobús, atravesando Croacia, para llegar hasta Bosnia Herzegovina, donde se encuentra esa pequeña aldea. Es cierto. Pero también lo es que llegar hasta ese enclave es tremendamente enriquecedor y, como sucede en otros santuarios y lugares donde se apareció Nuestra Madre, uno nunca se va de vacío: siempre se lleva algo de allí.

Me impresionó mucho ver la piedad de la gente, con qué unción reciben a Jesús en la Eucaristía, con qué devoción se confiesan. Se remueven los corazones de la mano de la Virgen Reina de la Paz, la *Gospa*, como allí le llaman. El silencio de oración reina en cada una de las ceremonias y actos multitudinarios que se celebran en la gran explanada detrás de la iglesia, donde casi se palpa la presencia de María y de Jesús.

Es como si se materializara la felicidad que anhelamos. No soy muy capaz de describirlo, pero uno allí es feliz. Podríamos decir que, en cierto modo, es como si se tratase de un anticipo de la que viviremos en el cielo —me atrevo a decir—, y lo más parecido a la felicidad a la que nos llama Jesús a vivir en esta tierra. No me dejó indiferente esa peregrinación penitente y por eso recomiendo ir, para experimentar esto mismo que aquí te digo y que tanta gente que ha ido te habrá contado.

19.
¿Existe la felicidad plena en esta vida?

No sé si has conocido alguna vez a una mujer o a un hombre plenamente feliz. Hay personas que tienen muchos motivos para estar contentos, con un deseo de felicidad que es más una actitud personal que el fruto de la consecución de todos sus logros.

Hace poco, una madre de ocho hijos logró el reto de correr siete maratones por todo el mundo en siete días. Lo que más llama la atención de Verdeliss, que así se llama, es su actitud. Hacer compatible gobernar una casa con ocho criaturas, trabajar y sacar adelante semejante reto es toda una proeza. ¿Está plenamente feliz por haber conquistado esta hazaña? Habría que preguntárselo a ella, pero lo que sí puedo asegurarte es que, por lo que cuenta en las entrevistas, ella siempre parece estar contenta. Quizá la alegría no le venga de las medallas en los maratones, sino del cariño y el apoyo que ve en su marido y en sus hijos, que le permiten llevar a cabo estas proezas.

Ser plenamente feliz no consiste solo en cumplir con las expectativas de lo que nos habíamos propuesto. Esta es quizá la causa de por qué muchas personas no logran ser felices en esta vida, cuando no lo consiguen. Ser feliz tampoco es una mera actitud: «¡he decidido que, a partir de ahora, voy a ser feliz!». Ser feliz es un cúmulo de actitudes, circunstancias, cualidades, experiencias, que hacen que una persona tenga una vida plena, esté satisfecha con la vida que lleva y se plantee continuamente mejorarla. Si no tienes retos, no avanzas y parte importante de esa felicidad consiste en ir mejorando día a día.

Plenitud de vida, por tanto, que se logra con las metas que uno se propone y que no son solo personales, sino que muchas van dirigidas a ayudar al prójimo y a servir a los demás. Esas son las que más nos realizan y más felicidad nos proporcionan.

Para saber si somos felices y cómo podemos empezar a serlo, basta con recordar los pequeños momentos de felicidad vividos y aplicar ese modelo al resto de nuestra vida. ¿Cuándo he sido más feliz? ¿Cuándo he sentido esa sensación de plenitud? Muchos de esos momentos coincidirán con hitos de mi relación con Dios: el día que hice mi primera comunión o que me casé o fui ordenado sacerdote o me acerqué a la confesión después de mucho tiempo sin hacerlo... Dios tiene mucho que ver con esa felicidad que busco y anhelo. Él es el autor mismo de la felicidad y me ha creado para que sea feliz. Si me acerco a Él, si cuenta más en mi vida y ocupa un lugar central en ella, seré mucho más feliz que si me la organizo sin contar para nada con Él.

Si me instalo en la felicidad alcanzada, la pierdo. Hay que estar continuamente entregándose, planteándose nuevos retos, poniendo los medios para conseguir lo que nos hemos propuesto, cambiando continuamente nuestra vida para adaptarla a las necesidades que los demás nos planteen.

La pregunta que da título a este capítulo es interesante porque nos la hacemos casi todos los mortales. La respuesta que humanamente nos da la experiencia es claramente negativa: no conocemos a nadie que sea plenamente feliz y que no haya pasado en su vida por episodios de cruz, de incertidumbre o de dolor.

Hace poco leía una interesante disertación con la que no puedo estar más de acuerdo. Contrastaba la tristeza con el dolor y explicaba cómo no podemos hablar de dolor y tristeza como si siempre fueran juntos. La Virgen dolorosa al pie de la Cruz no está triste porque su Hijo está redimiendo con su sacrificio a la Humanidad, pero su dolor es tremendo, porque ve cómo a su Hijo lo están crucificando. El dolor no siempre acarrea tristeza, aunque a veces puede provocarla. La cruz para un cristiano no debe ser motivo de tristeza, porque se puede sobrellevar —ayudado por la gracia— con la dignidad y la alegría con la que lo hace nuestra Madre.

La cruz duele, provoque o no tristeza, y aparece en algún momento de nuestra existencia. Nuestra experiencia, como te decía al principio, lo sabe bien, porque lo ha palpado muchas veces. Las cosas que cuestan sacrificio luego saben mejor, como un clavo que, cuando no cuesta que entre en la pared, no sostiene nada y con la misma facilidad con la que ha entrado se saca. En cambio, cuando hacemos el agujero con el taladro, metemos el taco y atornillamos el clavo hasta el fondo, consigue sostener todo lo que colguemos.

La cruz avalora la felicidad, es garantía de que es auténtica y, cuando no aparece, la felicidad es efímera: igual que llega se va. Una felicidad que cuesta alcanzar, que tiene momentos de dificultad y de dolor, es mucho más genuina y profunda.

Plenitud solo habrá en el cielo, pero dando sentido al dolor y a la contradicción y uniéndose a la cruz de Cristo, descubrimos un campo enorme en el que ampliar nuestra felicidad en este mundo. Podremos participar de la Cruz y, por tanto, de la felicidad terrena de Jesús.

20.
Todos la buscan...

Es evidente. Para eso estamos en este mundo, para ser felices. El que no quiera serlo es raro, un personaje extraño que está fuera de sitio.

Vaya por delante que a mí me encantan los perros y que no tengo nada contra ellos. Pienso que se trata de un animal dócil, que muestra gran cercanía con el ser humano, gracioso y que despierta un aprecio y cariño por él, mayor que otras mascotas. Dicho esto, doy algunos datos.

En 2021, había en España 47.307.133 habitantes —somos ya 48.619.695 en 2024— y 9.280.821 perros. Asturias, Aragón y Castilla y León, son las comunidades que más perros tienen por habitante: tres perros por cada diez personas. Se calcula que el número de mascotas, contando gatos y otros animales de compañía, superan con mucho los diez millones[1], frente a los poco más de seis millones y medio de niños menores de 14 años que

---

[1] Censo de 2021 elaborado por la ANFAAC (Asociación Nacional de Fabricantes de Alimentos para Animales de Compañía).

había en España en esa fecha. Han disminuido los niños y aumentado las mascotas.

¿A qué conclusión quiero llegar? Es evidente que mucha gente prefiere tener una mascota antes que un hijo. Muchas de las personas que tienen un animal de compañía son mayores de edad y ya no pueden tener hijos. Pero hay otros muchos que prefieren tener una mascota antes que un hijo.

No se trata de demonizar a los animales de compañía o a las mascotas. Hacen su función, ayudan a combatir la soledad y tienen, según estudios recientes, funciones terapéuticas en pacientes neurológicos o psiquiátricos.

Lo que habría que investigar son los motivos y las causas de por qué ha habido esta difusión tan exponencial de los animales y esa disminución tan brusca de niños en nuestras sociedades desarrolladas. Es un problema que empieza a preocupar seriamente a las autoridades de los países más civilizados, porque se han dado cuenta, ¡por fin!, de que una sociedad que no tiene reemplazo, ¡sin juventud!, se muere, por muchas mascotas que tenga.

La propia dinámica que hemos creado en la sociedad —muchas horas de trabajo, dificultades para lograr una vivienda digna, bajos salarios, prisas y velocidad de vértigo para todas las actividades que realizamos, disminución del tiempo libre y de los periodos de vacaciones, retraso en formar una familia—, ha provocado una disminución drástica del número de hijos por familia y que baje la tasa de fertilidad de la mujer, con el consiguiente retraso en la llegada de los hijos. La edad media a la que una mujer española tiene su primer hijo es de aproximadamente 33 años, según datos del Instituto Nacional de Estadística (INE) de 2023. En 1980 era a los 25,6 años.

El hueco que dejan la paternidad y la maternidad provoca la búsqueda de sustitutivos que llenen la soledad que tantos y tantas padecen y que buscan ser felices. No es comparable, ni lo será nunca, el amor de una madre por su hijo, al que se le pueda dar a un perro o a un gato. Pero esta triste realidad, viéndola en positivo, nos demuestra que la gente sigue buscando afanosamente ser feliz, quizá sin conseguirlo.

Escuchaba el otro día una entrevista a Carlos Alcaraz, reciente ganador del US Open, en la que el entrevistador le hacía la siguiente e ingeniosa pregunta: «Si te hiciese esta misma entrevista un niño de diez años, ¿qué pregunta te haría?». A lo que el campeón murciano respondió: «¿Eres feliz? Sí, lo soy»[2].

La felicidad requiere entrega, porque sin ella la persona no se realiza, no se ponen en acción todas sus potencialidades y cualidades. En esa misma entrevista, el tenista murciano decía que estaba siempre buscando la excelencia en su juego, a la que no había llegado y pre-

---

[2] Entrevista a Carlos Alcaraz en el programa *El Partidazo*, COPE, 8-IX-2025.

tendía alcanzar: «llegar a lo máximo que pueda dar, a mi mejor nivel». A veces pensamos que retener la entrega, instalarnos en nuestro estatus, no ejercitarnos en la generosidad, es suficiente para ser felices, porque no nos desprendemos del bien que atesoramos. Es justo al revés. Somos felices cuando compartimos lo nuestro con los demás, cuando nos ponemos a su servicio. El amor es como la luz que se refleja en los objetos, pues en uno mismo no se puede reflejar. Con el prójimo, el amor solo se logra buscando hacer felices a los demás.

21.
... pero solo unos pocos la encuentran

Hay mucha gente infeliz y me atrevería a afirmar que, a medida que mejora el nivel de vida, son más. No sé muy bien a qué se debe esta caída de la felicidad en el mundo actual, que según una lógica sencilla, debería ser a la inversa: la gente busca la felicidad y cada vez tiene más medios para alcanzarla, luego cada vez deberían ser más los que la encuentran.

La trampa se esconde en el concepto mismo de lo que se pretende alcanzar: la felicidad. ¿Qué entendemos por ser feliz? Para muchos es tener de todo, una amplia gama de bienes, tiempo dedicado a uno mismo, ocio, aficiones satisfechas, comodidades, etc. La definición nos podría parecer correcta, pero está profundamente equivocada y por sus frutos lo descubriremos.

Leí recientemente un artículo de una madre que también es periodista, explicando que «sus hijos son auténticos especialistas en *aislamiento*. Cuando les hablas de lo necesario que es el silencio, de escuchar a los demás y pasar ratos con ellos, decía, con mucha gracia, «que te miran pensando de qué planeta se habrá caído esta mujer... Creen que en las redes sociales ya se comunican con los demás y que son las personas mejor relacionadas del mundo, cuando ni siquiera huelen en qué consiste la verdadera amistad».

Tener todo tipo de actividades para poder elegir cómo emplear el tiempo libre no te asegura que aciertes y genera una especie de ansiedad por probar también las descartadas: lo importante es no dejar nada sin hacer. Querer tenerlo todo, disfrutarlo todo, conocerlo todo y, además, al instante, nos hace vivir en un estado de perenne inquietud que continuamente busca nuevas sensaciones y que nos priva de valorar lo sencillo. La experiencia la hemos vivido todos jugando un parchís en una tarde veraniega o disfrutando de una sobremesa que se eterniza, mientras vemos oscurecer el día en torno a la mesa de comedor: ¡se está tan a gusto!

¿Qué nos está pasando? ¿Acaso es malo mejorar nuestro bienestar? Pretender tener una alimentación sana ¿nos ha llevado a ser más infelices? Gozar de más tiempo libre ¿nos ha hecho acaso aburrirnos menos? Estar tan comunicados y tener tanta facilidad para estar en contacto, ¿por qué hace que veamos cada vez menos a los amigos?

Algo no funciona y, por más que la publicidad nos percuta con mensajes provocativos —«te mereces este coche, cuida tu piel, dedícate tiempo a ti mismo, disfruta del mejor sabor...»—, hemos perdido la capacidad de disfrutar.

Volvamos a la cuestión nuclear: el concepto de felicidad. Ser feliz ¿supone tenerlo todo? ¿Para estar plenamente satisfecho, hay que probar, conocer, disfrutar todas las cosas? Aristóteles en la *Ética a Nicómaco,* argumenta que la virtud moral, el equilibrio entre extremos viciosos, es esencial para una vida plena. Este enfoque en la formación del carácter y en la adquisición de virtudes como la valentía, la moderación, la justicia y la amistad, es fundamental para alcanzar la felicidad. El equilibrio entre la virtud y la importancia de la razón en la toma de decisiones éticas, hace que ese tratado sea una obra esencial para aquellos que buscan comprender los cimientos de la ética y la moral en el mundo contemporáneo.

No es frecuente oír hablar de virtud, del carácter, de metas, retos o de moderación, audacia o prudencia, en la sociedad actual, en la que se busca lo fácil y lo que se puede conseguir al instante. Nadie espera por nada y lo que tarda en llegar se desprecia, porque no nos da la felicidad en el momento en el que la buscamos.

La felicidad requiere silencio. El silencio despierta una especie de *horror vacui* en quien lo *sufre,* porque no sabe cómo llenarlo, quizá por la falta de costumbre: en nuestro mundo, todo son ruidos. En cualquier sitio al que entres, hay música de fondo, más o menos estridente, que impide concentrarte. El ruido debe acompañar el ambiente aparentemente feliz en el que te desenvuelves. Y empleo a propósito la palabra ruido, por no llamar música a ciertos sonidos que emergen de altavoces de gran potencia que llenan el ambiente de un local, de una piscina o de una playa de moda. No sabemos estar en silencio. Y por ese motivo tampoco piensan demasiado, no aplican la moderación a sus juicios, no cultivan la amistad ni buscan la justicia. Y se dejan llevar, *flow* lo llaman, como si de una especie de nirvana pacificadora se tratase.

Feliz es quien lo busca. El que alcanza una meta que se propone. El que comparte con los demás lo que disfruta. El que sabe por qué hace las cosas y *vive con sentido.* Feliz es quien sale de sí mismo, para aprender de los amigos, porque busca lo mismo que ellos y rechaza lo mismo: *idem velle, idem nolle*[1].

Fíjate en la guía que ofrecen las bienaventuranzas. Todos los modelos de personas de las que hablan y a las que Jesús llama felices —dichosos en la otra versión—, son los pobres, los perseguidos, los que han sido insultados, los buscadores de justicia, los mansos, los limpios de corazón. Todos buscan la felicidad fuera de ellos mismos, no en su propia satisfacción. Y la encuentra perdonando a quien les insulta o persigue, haciendo el bien, buscando la caridad y la justicia, consolando, repartiendo sus bienes con los necesitados...

---

[1] Quieren lo mismo, rechazan lo mismo.

Felicidad que se da, *ad extra* y no *ad intra*. Salir de nosotros mismos —como han hecho los santos— es fuente segura de alegría y de felicidad plena, lo que de verdad da sentido a nuestras vidas. Quien ha buscado el bien de la comunidad antes que el propio; el que se ha desvivido por los demás; el que se entrega a los que tiene cerca, alcanza una vida plena. Renunciar a sí mismo, para buscar la felicidad en el otro.

22.

Búsqueda de un mundo más feliz

Se desprecia la receta prefabricada y con mayor motivo si procede de la fe cristiana. «¿Cómo me van a enseñar a ser feliz los cristianos que fueron perseguidos, como lo fue su líder, que murió ajusticiado en la cruz?».

Nuestra sociedad *postcristiana* no es feliz. Hay mucha gente que sufre, que pasa hambre, que está enferma, que es despreciada o perseguida. Gente que llora, que es tratada injustamente... ¿te suena todo esto? El Señor lo dijo hace muchos siglos. Era conocedor de todo ello y por eso nos previno para que encontrásemos el remedio.

Jesús no enuncia las bienaventuranzas en forma de mandatos, sino de consejos. No nos habla desde la atalaya de su sabiduría, sino desde la de su experiencia. No pronuncia un discurso atinado y certero, políticamente correcto, podríamos decir, sino que nos dice sencillamente lo que Él hace. La cercanía de sus palabras hace que sean entendidas por todos. Y si es tan asequible y es el mismo Dios quien nos lo dice, ¿por qué no le hemos hecho caso? La tarea que nos encomienda —*id por todo el mundo y predicad el evangelio*— es precisamente recordarlo. Jesús no nos dejó, como un mal maestro o un padre que todo lo consiente, todo hecho, sino que nos dijo cómo teníamos que hacerlo, pero hemos de ser nosotros los que lo llevemos a cabo.

La felicidad, al igual que la alegría o el bostezo, según dicen los expertos, se contagia. La felicidad sale a flote enseguida, si se busca hacer feliz al otro. Son esos pequeños mundos que transformamos cada uno de nosotros y que, aunque la tierra sea tan grande y haya tanta gente, poco a poco lo iremos consiguiendo. «Nosotros somos el mundo», como decía san Agustín, y cada uno lo cambia allí donde esté.

La felicidad la da el amor. El amor es un concepto maltratado, casi *desaparecido del mapa*, cuando no tergiversado y casi siempre olvidado. Amar con obras, como nos ama Dios a nosotros. Cuando falta el amor, no hay felicidad. La alegría plena será la cara externa del amor existente.

23.
Cuatro ideas a modo de conclusión

1. **Si quieres ser feliz, procura hacer felices a los demás con tu entrega.** Solo el que es generoso y se olvida de sí, logra alcanzar una *vida con propósito*, saboreando las cosas sencillas, y que quien vive solo para sí no es capaz de apreciar. Solo de este modo conseguiremos terminarla pudiendo afirmar llenos de paz: ¡*misión cumplida*!

2. **La cruz y el dolor pueden convertirse en fuente de felicidad.** No son una maldición divina, ni siquiera son solo una inversión de futuro para la felicidad que alcanzaremos en la vida eterna. Como recordaba Fernando Ocáriz, «no hay que tener miedo a la cruz. Como nos enseñó san Josemaría, el camino estupendo del **lux in cruce, requies in cruce, gaudium in cruce**: la luz, el descanso, la alegría en la cruz. La luz verdadera tiene esa cruz salvadora. Y a veces cuesta. **Requies in cruce**, descanso en la cruz. Ahí podemos descansar, dejando todas las pequeñas o grandes preocupaciones que tengamos. Sentid la bondad del Señor, meteos en sus llagas y os sentiréis comprendidos. Y **gaudium in cruce**. Que experi-

mentemos siempre que estar con Cristo es estar cerca de la cruz y estar cerca de la cruz es estar con Cristo, que es la infinita felicidad que quiere traernos a nosotros también, pidiéndonos que sepamos renunciar a ese yo»[1].

3. **La felicidad no se puede almacenar**, como sucede con la electricidad. Serás más feliz cuanto mayor sea tu entrega. No es una meta *que se consigue* y que, cuando se tiene, se puede retener. Solo puede aumentar con la medida de nuestro amor. En la vida sencilla de cada día, tenemos multitud de oportunidades para ejercitarnos en esta verdad empírica y perfectamente comprobable. Hay días en los que nos acostamos contentos del bien que hemos hecho. En cambio, en otros, en los que hemos ido más a lo nuestro, nos pesan las ocasiones perdidas de darnos a los demás, detalles de egoísmo, errores y faltas de caridad, así como tantos momentos en los que no le dimos a Dios lo que nos pidió. Recomenzar para que al día siguiente recuperemos el terreno perdido es tarea nuestra. Solo así seremos más felices cada día.

4. **Jesús te muestra un camino fácil y asequible con las bienaventuranzas**, que se concreta en facetas esenciales para nuestra vida, en las que podemos convertirnos: desprendimiento, comprensión del otro, ofrecimiento del dolor y el sufrimiento, confianza y mansedumbre, limpieza de corazón, búsqueda de la paz y la justicia. Si,

---

[1] Fernando Ocáriz, *Homilía pronunciada en su viaje pastoral a Covadonga,* el 7 de julio de 2008.

aparte, procuras seguirlo, como lo vivió el propio Jesús y nos enseñó con su palabra, verás a Dios y heredarás el cielo que Él te promete. Estos aspectos están muy bien elegidos por Jesucristo, que conoce mejor que nadie la realidad del ser humano.

Este es el mejor regalo que Jesús te hace: las bienaventuranzas. No busques ser feliz: ¡consíguelo!

Las Palmas de Gran Canaria,
29 de septiembre de 2025